野党共闘の可能性を探る

安倍政権は「倒れた」が「倒した」のではない

松竹伸幸

かもがわ出版

まえがき——安倍氏の選択は他の保守政治家を超えた

安倍晋三氏が首相の座から退陣することを表明した八月二八日（二〇二〇年）の翌朝、私はブログを更新し、「安倍さんの辞任は本当に残念」というタイトルで記事を書いた。そのタイトルだけを見ると、「こいつは安倍シンパか」と思われるかもしれないが、その逆である。安倍氏が第二次政権を担うようになってからの七年八か月、どうやったら野党が安倍政権を倒せる力をつけられるのか、ずっと悩みながら真剣に考えてきた。

▽「倒した」とは言えない理由

それなのに、せっかく安倍氏が退陣したというのに、何が「本当に残念」なのか。それは、安倍氏が国政選挙で六連勝という実績を誇ったまま辞めたことによって、「こうすれば安倍路線に反対する多数派がつくれるのだ」という実体験を持てないまま終わったからである。

野党陣営の一部には、安倍氏の辞任を、「国民と野党が追い詰めた結果だ」「だから勝利だ」と捉える傾向がある。新型コロナという、現在を生きる世界の人々がこれまで体験したことがない問題が発生したことで、安倍氏の総理大臣としての資質が問われ、少なくない人々が政権への信頼を喪失したことは事実であろう。各国首脳の中には、力強いビジョンを示したドイツの首相や、国民によりそう優しさを見せたニュージーランドの首相など、危機に際してイニシアチブを発揮して支持率をあげた人たちがいたのに、安倍氏はその一員にはなれなかった。その点では、直接には病によるものであることも含め、安倍氏が「倒れた」し、「追い詰められた」ことは事実だ。しかし、「野党が追い詰めた結果だ」と言われて、納得する国民は少数派だろう。ましてや「倒した」とまでは言えない。真面目な野党支持者にとっても、安倍内閣の終焉は、「勝利感なき喜び」という程度に止まるのではなかろうか。

これまでも安倍氏が追い詰められたことはあったが、その結果、選挙で「安倍ノー」の審判が下されることはなかった。例えば、集団的自衛権行使を一部容認する新安保法制には国民の過半数が反対し、野党が連立政権をめざして共闘するきっかけとなったが、その後の国政選挙でも安倍氏を戴く自民党が勝利を続けた。コロナ問題で追い詰められた安倍氏が首相のまま国政選挙に挑むことが仮にあったとして、「これまでと違って今回は野党が勝利していた」と確信を持って言える野党指導者は、いったいどれほど存在するのだろうか。そう言えるほどの確信があるなら、なぜこれまでは勝てなかったのかについて、説得力あることが言えるのだろうか。退陣表明の直後の朝日新聞の世論調査で、「(安倍政権を)評価する」と答えた人が、「大いに」と「ある程度」をあわせて七割を超えたことは、花道相場が加味されていることを差し引いても、無視できるものではない。

▽安倍氏だけが九〇年代初頭の構造変化に対応できた

安倍氏を「倒した」と言えない象徴が、次の首相に菅義偉氏が就任したことである。菅氏は「安倍政治の継承」を掲げ、瞬く間に党内の多数を味方につけ、多くのところで党員による予備投票もされた都道府県票でさえ過半数を獲得した。

安倍政治に勝てなかったのに、それを継承する政治に勝てるのか。しかも、菅氏と言えば、第二次安倍政権の七年八か月の間、官房長官として安倍政治を支えてきた中心人物である。「お友だち内閣」と呼ばれて失敗した第一次政権と比べ、第二次政権の何が異なるかと言えば、菅氏がど真ん中に存在したことである。菅氏抜きに安倍政治というものは存在しなかったわけで、菅氏が安倍氏と同じ政策、同じ政治手法でやってきたとして、一度も勝てなかった野党が今度は勝てる保障はどこにもない。

さらに言えば、もし「安倍政治」が安倍氏による政治ではなく、もっと一般化して安倍的な政治というものであれば、野党が倒せる可能性は安倍首相時代にこそ存在した。モリカケ問題や桜を見る会に代表されるように、安倍氏は、政権の成果を打ち消すような個人的な問題を抱えており、国民の反発も強かったからである。菅氏には、そういう個人的な弱点がないまま（菅氏に近い河井元法相の問題や、それより深刻そうな冷酷な人柄という印象を除けばであるが）、安倍氏の政策、安倍氏の手法を継承するのであるから、野党が安倍時代と同じような主張をくり返すのでは、政権打倒などおぼつかない。

私は、安倍首相的な政治というのは、安倍氏個人の属性によって誕生したものではないと考えている。もちろん、個人の属性の影響はゼロではないのだが、一九九〇年代に世界的な構造変化があり、日本にもその変化が影響し、これまでとは異なる新しい政治が求められていたのだ。そして、他の保守政治家には誰もできなかったが、安倍氏だけはその変化に保守の側からたくみに対応したのだと感じている。したがって、その変化に引き続きうまく対応できるなら、保守政治は安倍首相でなくても生き続ける可能性があるのである。

一方、野党の側は、その変化に対応できなかった。いや、民主党政権が一時期誕生したのは、その変化に対して保守の側からではない対応が必要とされた客観的な条件があったからなのだが、それだけのことに挑戦しているという自覚が民主党の側になかったため、もろくも崩れ去ったのである。本格的に新しい対応をする必要性を自覚していたなら、味方を増やし（国民の中にも官僚の中にも）、保守の側からの反撃に対して攻勢をかけることもできただろうが、保守側の対応に取り込まれてしまったのだ。

本書では、そういう認識から、まずは九〇年代に起きた変化の中身、意味を問い直す。その上で、安倍氏の側の対応が国民のそれなりの部分を獲得した理由を掘り下げるとともに、それとは別の選択肢としてどんなものが存在するのかを提示したい。とりわけ野党共闘が成功する道筋についても論じたい。

もくじ

安倍政権は「倒れた」が「倒した」のではない

——野党共闘の可能性を探る

第一章

安倍氏が登場した九〇年代初頭の構造変化とその意味

安倍晋三氏が衆議院議員となったのは一九九三年である。外務大臣も務めた父の晋太朗の秘書をしていた八七年、参議院山口選挙区の補欠選挙に立候補しようとしたが、事情があって取りやめ、父が急逝した九一年に父の地盤を受け継ぎ、二年後に衆議院山口一区で当選したのである。

安倍氏が国政を志した時期は、世界でも日本でも、歴史的と言ってもいいほどの構造変化が訪れていた。四つに分けて論じてみたい。

1、戦後世界を特徴づけた冷戦の崩壊の中で

▽冷戦体制と安全保障のあり方

戦後世界に起こった最大の変化として、八九年のベルリンの壁崩壊に始まる冷戦崩壊を挙げることには、ほとんどの人は異論を差し挟まないだろう。アメリカとソ連による冷戦体制は、第二次大戦後の世界を決定的に特徴づけるものであり、世界のどの国も、世界のどの国民も、何らかのかたちでその影響を免れなかった。

影響を二つの面から考察したい。その一つは、国家の安全保障のあり方をめぐる問題である。冷戦体制というのは、大まかに言えば、国家の安全保障をアメリカに頼るのか、ソ連に頼るのかの争いであった。また、どちらかに頼ればかえって戦争に巻き込まれる可能性が強まるとして、非同盟中立をめざすという選択肢も存在した。

冷戦を争う米ソの基本的な目標は「勢力圏」の維持である。アメリカは南北アメリカ大陸をはじめとして、西ヨーロッパ諸国、日本や韓国などアジアのいくつかの国を勢力圏と位置づけ、軍事同盟を結んでいた。ソ連もまた、東ヨーロッパを基本的な勢力圏と位置づけ、共産主義を掲げるアジアの中国、北朝鮮、北ベトナム、あるいはキューバなどとも軍事同盟を結んだ。その上で、お互いがアフリカ諸国などに軍事援助、経済援助を行い、友好国を拡大していたのである。

ここで維持の目標とされる「勢力圏」は、それに属するどの国にとっても、一体的なものとして捉えられていた。守るべきは、それぞれの国のみならず、一方の側では資本主義・自由主義の体制であり、他方の側では共産主義の体制である。西側のNATO条約も東側のワルシャワ条約も、加盟する一つの国が武力攻撃されれば、他のすべての加盟国もそれを自国に対する攻撃とみなし、いっしょに反撃するという規定（集団的自衛権）を持っていたことが、その考え方を象徴するものであった。日本は、憲法九条の制約があったため、それと厳格に同じシステムはとっていなかったが、世界のどこであれ米ソの戦争が起きた際、ソ連極東部から紛争地に向けて出撃するソ連軍を日本周辺で迎え撃つという任務が自衛隊には与えられていた。そのため、表面上は日本防衛に当たっているようには見えたが、グローバルな米ソ対決に組み込まれている実態は変わらなかった。

冷戦遂行の手段は核兵器であった。人類は、まかり間違えば、地球全体が滅びるような恐怖を味わうことになる。それだけに、そんな兵器が安全を保障していると「証明」することが求められ、安全保障の世界では抑止理論が生み出され、発達してくる。お互いが相手を全滅させるだけの核兵器を保有し、何かあれば実際に核兵器を使用するという意思を明確にし、それを訓練や実戦配備で証明することで「恐怖の均衡」が生まれるという考え方は、そういう抑止論の行き着く先であった。こうやって、ことあらば相手を全滅させる軍事戦略をとるのだから、相手陣営とは政治的にも経済的にも深い関係を持たないというのが、冷戦全体の構造であったと言える。

∇冷戦後の安全保障のあり方が問われた時代

抑止理論は、「こちらが強ければ相手は怖れて手を出さない」程度の幼稚な考え方なら、人類が戦争を起こすようになった過去の時代から存在していたとも言える。しかし、恐怖を与える手段が核兵器という人類絶滅兵器になったという点でも、それを使用するという意図を伝えるコミュニケーションの手段を格段に発達させたという点でも、やはり冷戦時代の産物だと言わざるを得ない。

したがって、冷戦崩壊直後から、冷戦後の安全保障のあり方をどうするかが問われ、議論されてきた。ヨーロッパにおいては、旧ワルシャワ条約加盟の国々がNATOに加わるようになり、抑止力という用語があまり使われなくなった一時期があった（現在、ロシアの脅威が増大して復活しているが）。日本においても、自民党が総選挙に敗北して下野した九三年に成立した非自民の細川護熙政権が、首相の私的諮問機関として「防衛問題懇談会」をつくり、翌年に報告書を提出したが（その際は村山富市内閣）、日本の安全保障のあり方として、日米安保だけでなく「多角的安全保障」という考え方を打ち出したことは、きわめて有名な話である。

ちなみに、安倍晋三氏は、自民党が下野したこの九三年総選挙で初当選した。冷戦後の安全保障をどうすべきかは、国会議員として最初に体験した事柄の一つであったろう。

その後、社会党の村山氏を首班に据えることで政権に復帰した自民党は、「多角的安全保障」という考え方をとらなかった。アメリカの側からは、冷戦後の安保条約に新しい意義を付与することで、日米安保体制をそのまま残そうという働きかけが強まっていた（安保再定義）。自民党は、その働きかけに忠実に従い、日米安保は「アジア・太平洋全域」にとって肝要であるとする「日米安全保障共同宣言」（九六年、クリントン大統領×橋本首相）を発出したり、日本有事ではなく周辺有事にも対応する新しい「日米防衛協力の指針」（九七年）で合意するなど、味付けを少し変えることで、安保体制をそのまま残そうとしたのである。

▽アメリカが日本を守らないという疑義が生まれて

「日米安保さえ維持していれば安全は保障される。アメリカが守ってくれる」。これが当時の自民党を突き動かしていた論理であった。しかし、果たしてそれは真実なのか、アメリカは本当に日本を守ってくれるのか。そこに次第に疑義が生まれてくる。

前出の「日米防衛協力の指針」(九七年)は、北朝鮮の核・ミサイル疑惑を背景につくられたものである。北朝鮮との軍事衝突が現実味を帯びる情勢になったら、米本土から何万、何十万もの米軍が日本に来援し、在日米軍基地はもちろん、民間の空港や港も使って北朝鮮を抑え込んでいくのが、その基本的な目的であった。

その点では当時までは、アメリカには日本や韓国を守る意思があり、日本はそれを信じられた時代だったのだと感じる。本気度が見えていたのだ。

そこに陰りが出て来るのが、北朝鮮の核・ミサイル開発の進展そのものであった。ミサイルの射程が長くなって米本土を視野に入れていることが実感できるようになり、かつそのミサイルに搭載できるまでに核弾頭が小型化される可能性が指摘されるにつれ、米本土が核攻撃を受けることがあったとしても、果たしてアメリカは日本を守ってくれるのかという不安が、次第に自民党の中にも芽生えてくる。

小泉純一郎氏が、集団的自衛権の研究にも踏み込むことを公約し、三度目の挑戦で自民党総裁になり、総理になって初の記者会見でも集団的自衛権に言及したのは、二〇〇一年のことであった。その独特の嗅覚で、これまでの日米安保体制の延長線上では、アメリカは日本を守らないという洞察があったのだろう。

小泉氏は、二〇〇三年にアメリカがイラク戦争に踏み切った際、アメリカの戦争を支持し、自衛隊を派遣することを明言した。その理由として小泉氏が強調したのは、日本が北朝鮮からの攻撃を受けた際、助けてくれるのはアメリカだけだ、だから今回は日本がアメリカを助けるのだということであった。日本がこれまでと異なる特別なことをしない限り、アメリカが日本を命がけで守ってくれることはない。その発想が政権の政策としてあらわれた最初のケースが自衛隊のイラク派兵であったといえよう。

自衛隊がイラクに派兵された二〇〇三年末を前に、安倍氏は閣僚や党の要職を経ず、若くして自民党の幹事長に登り詰める。小泉首相の決断をすぐ側で見ていたのであった。

▽なぜアメリカは日本を守らないのか

二一世紀に入り、中国の台頭が著しくなると、日米同盟の信頼性をめぐる問題は、より深刻になっていく。北朝鮮と同じ覇権国家であっても、覇権を及ぼすことのできる能力という点で、中国は北朝鮮と比べものにならないものを持っているからであった。

中国は、かつてのソ連なども含めて形成された国際法、国際政治の秩序にさえ挑戦しているように見える。南シナ海や東シナ海での領有権主張などの軍事面、チベットやウイグル、あるいは香港などに象徴される人権面での深刻な事態に加え、経済面でも覇権の確立をめざしており、既存の秩序に依拠してきた国際社会との軋轢が増している。軍事、政治、経済の全面にわたる既存秩序への挑戦には、かつてのソ連を想起させるものがあり、アメリカが中国との全面対決に乗り出していることもあって、「新冷戦」という言葉が使われる事態になっている。アメリカの対応を見て、中国の影響力増大が抑止されると考え、安心する人もいるのだろう。

しかし、そう単純なものではない。中国の軍事力は、すでに日本やグアムにある米軍と米軍基地を一時的（米本土からの来援があるまで）にせよ破壊できる段階に到達しており、米軍の中では、この地域の固定化した基地に依存するのは危険だとして、中国のふところに飛び込んで軍隊を分散展開する戦略の研究が進行中である。日本やグアムは中国によって破壊されることが織り込み済みの戦略なのである。

それでも、一時的にせよ日本の国土の破壊過程が進行するとして、米軍が本土から大規模に来援したり、あるいはＩＣＢＭ（大陸間弾道弾）で対応するというなら、まだしも安心する人が出てくるかもしれない。けれどもアメリカが、米本土が中国の核ミサイルの標的になることを覚悟して、そのような対応をとると考える人は少ないだろう。アメリカがロシアとのＩＮＦ条約を廃棄したのも、中距離核ミサイルをアジアに配置することにより、核ミサイルが使われる戦場をアジア（日本を含む）に限定しようとしていることのあらわれである。

なぜアメリカには日本を（ヨーロッパの同盟国も同じだが）守る意思が希薄になったのか。そこには、アメリカと中国の争いが、「冷戦」とは本質的に異なるものであることが関係している。

「冷戦」とは、すでに述べたように、資本主義・自由主義と共産主義の争いであった。アメリカは、同盟国が侵略されることは、それだけ共産主義が広がることであり、資本主義・自由主義の敗北につながることだと考え、たとえ一国であっても同盟国が侵略されれば、核の報復で応える意思を明確にしていた。世界の各国で共産主義を掲げる強力な政党が活動しており、資本主義・自由主義が脅かされる現実的な危険を感じていた。

しかし、中国との「新冷戦」は表面上は資本主義・自由主義と共産主義の争いなのであるが、「冷戦」と異なり、共産主義のイデオロギーが失墜した時代の争いなのである。たとえ日本が尖閣諸島を失っても、それで共産主義のイデオロギーが日本や世界で広がる恐れはない。それどころか、共産主義はイデオロギー的には最後の壊滅的な打撃を被る。それが分かっていながら、アメリカが無人の島を防衛するために、自国兵士の命を犠牲にすることなどあり得ないことなのだ。

そういう時代に、日本の安全保障をどうするかが問われてきた。安倍首相は第二章で述べるように、私自身は賛成するものではないが、この時代に保守側からの一つの新しい選択肢を提示したのである。

2、世界と日本の資本主義も行き詰まる中で

冷戦の終結は、共産主義の敗北を象徴するできごとであった。しかし、共産主義が目の前で崩壊したために見えにくかったのだが、九〇年代を前後して資本主義の行き詰まりも深刻なものとなっていた。八〇年代から九〇年代にかけて、世界でも日本でもいわゆる新自由主義の広がりが本格化したことは、その問題への資本主義なりの回答であったと言える。安倍晋三氏は、その流れの中で政界に躍り出てきた人物であった。

▽新自由主義が世界に広がっていく背景

新自由主義という言葉はよく使われるが、大雑把にいえば、市場への国家の介入を最小化する思想であって、政策的には小さな政府、民営化、規制緩和などを特徴とする。資本主義というの

は、資本の利益の最大化を追い求める体制であるから、資本の活動範囲を広げる民営化も、資本活動の自由を意味する規制緩和も、資本主義本来のあり方である。その点で、新自由主義というのは、資本主義の原理の貫徹と言えるものであって、九〇年代を前後して新しく生まれた考え方ではない。

しかし、資本主義が誕生した直後から、そうした資本主義の原理がむき出しになる社会は、二つの大きな障壁に直面する。一つは、資本の利益のために労働者が長時間過密労働を強いられることにより、資本の利益と労働者の利益が対立することが自覚され、資本主義の内部において労働時間規制をはじめ労働条件の改善を求める労働者の闘争が高まり、産業革命期のイギリス工場法を端緒とする労働条件規制立法が各国で生まれたことである。もう一つは、ロシア革命が成功し、資本主義を否定して社会主義を掲げる挑戦が開始されたことである。

第二次大戦後の資本主義世界は、このような挑戦に対応せざるを得なかった。企業活動のやり放題をさせない規制立法、重要産業の国有化などの国家的統制、政府による富の再配分機能など、ケインズ型の経済政策が主流を占めていく。その中で「福祉国家」と言われるような国も誕生していくことになる。

けれども、七〇年代になると、資本主義そのものがそれまでの成長軌道から外れていく。まず資本主義先進国のアメリカとイギリスで、それまで経済を支えてきた製造業の力がグローバル化の影響もあって衰えてくる。資本同士の世界規模の競争が激化したことにより、利潤獲得の障害となるような規制緩和を求める大合唱が資本の側から起こるようになるのである。そこからの打開の道として選ばれたのが新自由主義であり、八〇年代にアメリカではレーガノミクスとして、イギリスではサッチャリズムとしてあらわれた。

これは、利潤の最大化という資本主義の原理と合致していたため、急速に支持者を増やすことになる。しかもそこに、共産主義の崩壊が重なってくる。共産主義が掲げていた労働者の保護に気を遣わなくても、体制の崩壊がやってくる危険性がなくなったのだ。こうして、新自由主義の流れが世界規模で広がっていくことになるのである。

▽中曽根から小泉まで――日本における新自由主義

日本においても、同じ八〇年代、中曽根康弘政権によって規制緩和の必要性が叫ばれ、新自由主義の一環として国鉄の分割民営化などが強権的に(自由主義と言いながら)実施された。しかし、当時の日本はバブルに沸き立っており、アメリカやイギリスほど経済が深刻化しているように見えなかったため、小規模なものに止まる。

そこに大きな変化が生まれたのは、やはり九〇年代初頭のバブルの崩壊をきっかけとしてであった。一足先に新自由主義を採用したアメリカ経済の好調が伝えられており、日本の経済低迷の原因が古い規制にしがみついていることにあるかのように、御用派の経済学者が騒ぎ立てていた。

それが政権の政策としてあらわれた最初が、一九九六年に橋本内閣で開始された金融ビッグバンであった。そして、それを本格化したのが、郵政民営化に象徴される政策に挑んだ小泉内閣だったのである。

安倍氏は、小泉内閣の時代に、若くして自民党幹事長に抜擢され、続いて閣僚経験すらないのに官房長官の要職に就くことになる。小泉氏の新自由主義路線を間近から見ていたのだが、安倍氏がそれをどう評価していたのかは、当時の発言も少なく、実のところよく分からない。経済問題全般に発言が少ないのだから、新自由主義であれ何であれ、そもそも経済問題にあまり関心がなかったのかもしれない。第一次安倍政権時代も、「美しい国」などのイデオロギー的発言が目立ち、実際に遂行したのも「愛国心」を明記する教育基本法の改正だったり、その時点では実現しなかったが集団的自衛権行使への野望であったりで、経済課題に本格的に挑戦する意思は見えなかった。

しかし、安倍氏が政権を担うようになる頃には、一九八〇年台に新自由主義の政策が開始されて三〇年近くが経過し、それが何を生み出すかという実績も明確になっていた。資本主義を信奉する経済学を奉じていても、新自由主義の路線のままで行くのか、多少の修正を加えるのかについて、真剣な検討が求められる局面が生まれていたのである。

▽新自由主義路線の破綻が見えてきた時代に

安倍首相が国政に登場した頃、新自由主義の行方はまだ見えなかったが、やがてその破綻が明白になる。二〇〇八年のリーマン・ショックである。

戦後資本主義は、一九三〇年代の大恐慌の経験から、金融活動を規制下に置いてきた。しかし、新自由主義は金融も自由化することが大事だとする考え方であり、世界がその路線にそって政策を進めてきた。リーマン・ショックは、そのやり方が大破綻を迎えたものだったのである。

その破綻から抜け出すため、当時のオバマ政権は、金融機関に多額の公的資金を投入するなど、「それでは社会主義と同じだ」と言われるような手法までとることになる。しかし、その資金がリーマン・ショックを起こした張本人の金融機関幹部の退職金支払いに充てられたことに象徴されるように、金融機関の自由化路線を含め新自由主義政策には何の変更もなかった。

けれども、その路線がアメリカ経済を救うことはなかった。それまで言われていたアメリカ経済の好調も、いわゆるスーパーリッチへの所得の偏在によるもので、アメリカでは新自由主義政策が開始される一九八〇年頃には、上位一%の人の所得が国民の総所得に占める割合は一〇%を切っていたのだが、二一世紀を前後して二〇%程度までにふくれあがっていた。それは他方での貧困の拡大を意味しており、のちの二〇一六年選挙でのトランプ大統領の勝利で明らかになったように、ラストベルトの労働者は反乱を起こそうとしていた。

こうして新自由主義の祖国アメリカで、この路線が国民の暮らしを向上させないことは明らかになった。当選したトランプ大統領が、アップルなどの中国での生産の縮小、アメリカ本土での産業誘致にこだわったことは、自由化路線では国内産業が衰退するという現実をふまえたものである。行き当たりばったりで政策的な整合性がないため、成果を生み出すに至っていないが、現実を反映したものであった。

日本でもリーマン・ショックの影響は大きかったが、安倍第二次政権の登場まで、新自由主義路線の軌道を修正する試みはされなかった。政府は（民主党政府も含めて）、財政赤字を拡大しないことにこだわり続け、国民の安全を犠牲にしてでも保健所などへの公的支出を減らし（コロナ問題でその誤りが露呈した）、消費税の増税に執念を燃やしていた。企業の内部留保は空前の規模に達する一方、労働者の実質賃金が世界の中でも突出して下がり続けた。

　こうした状況にどう対応するのか。保守政治が生き延びようとすれば、それなりの対応が求められていたのである。

3、自民党一党支配の崩壊と新枠組模索の中で

▽安倍氏は自民党の凋落と連立時代の政治家

戦後の長い間、一党支配を誇った自民党であるが、国民の価値観の多様化を背景にして、一九七〇年代以降、次第に支持を減らしてくる。七六年末の総選挙において初の過半数割れに追い込まれ、その後、八〇年代にかけて「与野党伯仲」が常態化するのである。

九〇年代初頭のバブル崩壊は、自民党が主導する経済政策への信頼失墜でもあった。さらに、冷戦構造において資本主義・自由主義陣営につくことを日本政治の中で明確にしたのが自民党であったので、冷戦の崩壊は自民党のアイデンティティを揺るがしかねない面を持っていた。自民党を支持していればソ連のような国にはならないから安心と思っていた日本国民にとっても、冷戦の終焉は自民党を支持する理由の一つが消え去ることであった。

こうした危機感を背景にして、自民党の中では、少ない得票でも政権を維持できる選挙制度への志向が強まり、小選挙区制待望論が広がってくる。ロッキード事件、リクルート事件など自民党が贈賄事件を起こすのはカネのかかる中選挙区制に根源があるとして、自民党への批判を選挙制度の問題にすり替えるものであったが、多くの野党もそれに巻き込まれていく。

一九九三年の総選挙は、自民党が敗北し、非自民連立の細川護熙政権が誕生したことによって、戦後日本政治史上の画期をなすものとなった。本書のテーマにとって大事なことは、安倍晋三氏が初めて国会議員に当選したのは、この選挙においてだったことである。つまり安倍氏は、政治生活の初めから、自民党の安定多数が予定調和的に約束された時代を経験していない。安倍氏が首班指名で最初に投票した河野洋平氏は総理大臣には指名されず、次に投票した人は総理になるが、それは社会党の村山富市氏であった。安倍氏は、自民党の政権復帰のためには社会党でも構わないとドライな気持を持てるような人物なのか、あるいは奥底では嫌悪感を抱えたまま意に沿わない投票をしたのかは分からない。しかし、いずれにせよ、九〇年代以降に自民党が輩出した総理大臣は、安倍氏以外の誰もが（最新の菅氏を除いて）自民党一党支配時代を経験している。その体験のない安倍氏は、自民党の凋落と連立時代の政治家でもあった。

そして、自民党に替わる非自民の細川政権のもとで、自民党が執念を燃やした小選挙区制の導入が決まる。どの政党であれ、どの政治家であれ、この新しい政治環境にどう対応すれば生き残れるのかが問われていた。

▽闘い方次第で過半数になれるが連立も必然的な制度

一つの選挙区で三人から五人が当選するという中選挙区制は、さまざまな政策、見解の政党、候補者が当選可能な制度であった。選挙区内の十数％程度の有権者を獲得すれば当選できるのであるから、国民の中に現実に存在している多様な考え方を代表できた。

一方の小選挙区制は、一人しか当選しない制度であるから、そもそも多様な考え方の複数の人が当選することはあり得ない。比較して多数であれば当選できるので、凋落傾向にあった自民党でも、しばらくは何とか政権を維持することができた。

小選挙区制での「勝ち方」の見本をつくったのは小泉純一郎氏である。「郵政選挙」に見られるように、みずからを正義の改革派と位置づけ、それに反対する勢力を守旧派と罵倒するなどして、「敵vs味方」の対立構図をつくることができれば、圧倒的な勝利を収めることができる場合がある。その経験を生みだしたのである。

これは誰もができることではない。実際、小選挙区での選挙が開始された当初の首相であった橋本龍太郎氏は、そもそもそういうことに無頓着であったように見える。解散を決断できず、任期満了選挙に追い込まれた麻生太郎氏にも、そんな力量はなかった。しかし、小泉氏とともに歩んだ安倍氏は、その威力を十分に感じていたに違いない。

ただしかし、そうはいっても小選挙区でつくられる多数派は、虚構の多数派である。過半数の有権者が与党に投票するわけではなく、政権政党を必ずしも支持しない国民の数のほうが多いことは隠せない。その結果、一党だけでは政権を維持できないという事態が、頻繁に起きることになる。この点では、小選挙区制のもとでは、自党だけでは多数になれないときに連立を厭わない気持がないと政権は担えないし、連立を組むことのできる政党をつねに尊重しておくことも求められるのである。

▽「政権選択」が争点となる選挙制度

小選挙区制が導入されて日本政治に変化をもたらしたものの一つとして、それぞれの選挙が政権選択を争点とするようになったことが挙げられる。民主党政権がいったんは成立し、小選挙区制のもとでは実際に政権交代が起きることが実証されたことによって、その変化は加速された。

この変化のもとでは、「次の選挙で勝利したらどんな政策を実施するか」が問われることになる。それは実際に政権を担う可能性のある大きな政党にとっては当然のことかもしれないが、少しずつ議席を増やして何十年後かには政権をめざすという思惑の政党や、そもそも政権を担うことは想定せず、独自の立ち位置で存在感を発揮することをめざしてきた政党にとっては、小選挙区制は新たな対応を迫るものであった。

公明党は、小選挙区制の導入前から、政権の一員になることをめざした。覚えておられる人は多くはないかもしれないが、公明党は九三年の細川非自民連立政権の一員であった。九四年には小沢一郎氏が結成した新進党に合流するという離れ業を使うが、新進党は総選挙で過半数を獲得することができず、公明党も野党に転落する。一九九八年の総選挙のあとの首班指名選挙において、自民党の小渕恵三氏に対して立候補したのが民主党の菅直人氏であったが、公明党は共産党とともに菅氏に票を投じている。

これに対して、村山内閣で政権に復帰した自民党は、創価学会の池田会長の国会証人喚問要求などで公明党サイドへの攻撃を強めつつ、同時に、政権の補完勢力として公明党を迎え入れるためにさまざまな工作を展開する。こうして、九九年以降、公明党は与党の一員となるのである。

一方、自民党に対抗する野党の側では、それぞれがバラバラという状態が続くことになる。九八年に結成された民主党は、自民党と対決して民主党独自の政権をめざしたし、実際に政権を獲得したのだから、当時、その判断自体は間違っていなかった。しかし、政権を手放して野党に転落してからも、野党の共闘をめぐって迷走を続けることになる。

野党の一角にある日本共産党も、この時期、野党の共闘という戦略に見向きもしなかった。共産党の綱領は、基本政策の一致がない場合も、特定の政策課題での政権共闘を想定したものであったのに、かなり長い間、日米安保条約廃棄などの基本政策での合意がない限り、政権共闘はあり得ないという態度をとっていたのである。

連立の基盤をつくり、さまざまなきしみを経つつも、連立を維持させてきた与党。バラバラのままの野党。自民党一党支配が終わった九〇年代半ば以降、政治の対立構図はそのようなものであった。安倍政権は、そのような構図の中で誕生したのであり、敵失に助けられたという面も併せ持っていると言えよう。

4、戦後民主主義が反動期を迎える中で

▽政治家になる前は常識的な中国観、韓国観だったが

安倍氏が国会に登場した一九九三年は、日本の戦後政治のありようが正面から問われはじめた年でもあった。それは一方では、九三年の細川政権の登場の直前、自民党の宮沢政権のもとで、慰安婦問題でのいわゆる河野官房長官談話が出されたこと、二年後の九五年には戦後五〇年の村山首相談話が出たたことに象徴される。同時に他方ではそれをきっかけとして、大規模な反動が生まれることになる。

戦後政治において、日本が戦争中に行った行為をどう捉え、どう対応するかはきわめてセンシティブな問題であった。政府自民党は、戦争を遂行する立場にあった人たちを有力な源流とする政党であったが故に、日本の侵略戦争と植民地支配の違法性を認めないことを基本的な立場とし

ていた。しかし、それでは国際的に通用しないので、問題が表面化しないようあいまいにしておくという戦略でやってきた。

けれども、世界的にも日本国内においても、次第に人権問題への関心が強まり、日本が戦時中に行った行為への認識が深まるにつれ、あいまいなやり方はほころびを見せていく。自民党一党支配が終わる局面で、自民党の中から河野談話が生み出されたこと、社会党首班とはいえ自民党も加わった村山首相の談話で、侵略と植民地支配への「反省」と「お詫び」が盛り込まれたことは、そういう時代の産物であった。

しかし、そういう新しい考え方を政府が取り始めたことを契機に、それまでの自民党のあいまい戦略のもとでは水面下でうごめいていただけの人々が、公然とオモテに出て来るようになる。日本の過去の行為を正当化しようとする人々が、総反撃に打って出るのである。この結果、いわゆる歴史認識問題が日本政治の重大な争点となり、世論にも大きな影響を与えていくことになる。

国会議員になる前の安倍氏は、歴史認識問題に限らず、総じて政治に関して独自の視点、思想を持っていなかったように見える。氏は九二年、『吾が心は世界の架け橋：安倍外交の全記録』というタイトルで、急逝した父親である安倍晋太郎氏による外交論の編者となり、その「はじめに」を書いている。それを読む限り、中国や韓国などに対して特別な感情を抱いていたようには見えない。あるいは自身が責任を負っているとする本文でも（父親が残していたメモを中心に安倍氏が編集していたとされる）、「靖国問題は中国国民の心の最も奥深いところに潜む感情を刺激したことから発生した」と述べているし、「韓国との関係は六五年の基本関係条約によって正常化された」としつつ、「当然のことながら、韓国国民は植民地時代や戦争中の不幸な体験に、なお感情的なわだかまりを持っており」とするなど、常識的な編集を行っている。

けれども、国会議員となった安倍氏は、それまでとくに思想と呼べるほどのものがなかったから余計になのか、突如として表舞台にあらわれた日本の戦争や植民地支配を正当化する考えに急速に染まり、そういう人々と共鳴し、手を携えて進むことになった。その意味で、現在に至る右傾化したと言われる世論は、安倍氏を生みだしたものでもあり、安倍氏が生みだしたものでもある。

私は安倍氏が国会に登場した九三年を前後とする五年間ほど、国会に勤める機会を得て、国会の議事を毎日傍聴する日々を過ごした。そこではタカ派議員の威勢のいい声が鳴り響き、心地のいい言葉として少なくない議員の心を捉えているようであった。安倍氏を「歴史修正主義」と批判する声をよく聞くが、率直に言って安倍氏には「主義」と言うほどの理論、思想の深みはない。当時の国会の審議を聞いていると自然と身につく「耳学問」というのが、安倍氏の得たものの実態をあらわす言葉だと感じる。

しかし、こうして表面化した日本の戦争や植民地支配を正当化する考えは、安倍氏を捉えたのと同様に、少なくない日本国民の心にもしみいっている。そこには、この考えに国民の心を捉えるだけのものがあることが示されており、それは何なのかという正確な認識と対応が求められる。「学問の世界で通用しない歴史修正主義だから間違い」と言って済まされるものではないのである。

▽戦後五〇年をめぐる激しい対立の中で

日本の過去を正当化する動きが公然化したのは、一九九三年、細川政権の成立をきっかけにしている。細川氏は、就任直後の記者会見で、アジア・太平洋戦争について「私は侵略戦争であった、間違った戦争であったと認識している」と発言する。その後、朝鮮半島に対する植民地支配に対しても謝罪する立場を明確にした。さらに細川氏は、戦後五〇年にあたる九五年になれば、歴史認識問題で何からの国会決議を行うことを表明したのである。

もし国会で侵略と植民地支配を謝罪する決議が採択されれば、それが日本の公式の立場になってしまう――。それに危機感を持った人々が九四年、「終戦五十年国民委員会」を結成する。会長は加瀬俊一氏であり、「日本会議」の前身である「日本を守る国民会議」の初代議長でもあった。同国民委員会は国会の戦争謝罪決議に反対する署名運動を開始し、翌年までに五〇〇万の署名を集めて国会に提出したとされる。署名も含めたこうした運動形態は、戦後左翼に独特のものであったが、右派が戦後はじめて同じ手法で国民を獲得しようとしたのである。その本気度のすごさに驚かされる。

自民党の中にもそれに呼応する動きが生まれる。安倍氏は、細川首相の歴史観に反対するために自民党が九三年に結成した「歴史・検討委員会」に最初からくわわっていたが、戦後五〇年決議に反対するために九四年につくられた「終戦五〇周年国会議員連盟」では、早くも事務局長代理の任につく。

こうした反発の結果、戦後五〇年の国会決議(六月九日採択)は、きわめて中途半端なものになった。その眼目は、「世界の近代史上における数々の植民地支配や侵略的行為に思いをいたし、我が国が過去に行ったこうした行為や他国民とくにアジアの諸国民に与えた苦痛を認識し、深い反省の念を表明する」というもので、アジアの人々の「苦痛」を認め、「反省」は表明するものの、侵略や植民地支配は「数々」の国が行ったものだという文脈においてであった。日本だけを悪者にするのはおかしいだろうという立場である。

この程度の内容でも自民党の中では反発が強く、衆議院本会議には二四一名が欠席したので（出席は二五一名）、定足数ギリギリでの採択であった。一方、日本共産党は謝罪が不十分という立場で、出席して決議に反対する。

このように、五〇年決議に反対する自民党の右寄り勢力と、それに対応した右派の運動の目的は、半ばは達成された。しかし、二か月後の八月一五日には村山談話が発表され（閣内にいた橋本龍太郎氏など自民党議員の了解もあった）、右派の恨みは残ることになる。そしてその後、歴史認識問題をめぐって、引き続きはげしい宣伝と運動がくり広げられていくことになる。

河野談話や村山談話は、それが発表された時点では、日本国民多数の気持を代表しているように思えた。河野談話についていては当時、産経新聞でさえ容認する論評を載せている。おそらく、これらの談話の線で中国や韓国との間で了解が得られていれば、安倍氏らの運動が勢いを増したとしても、国民の中に広く浸透することはなかっただろう。

しかし、現在の時点で、これらの談話はもはや国民多数の気持だとは言えなくなっている。学問の世界では、日本の侵略や植民地支配の誤りを否定する学説はほとんど存在しないし、慰安婦問題での河野談話を軽視する考え方もあり得ない。しかし、世論のレベルでは逆転現象が起きたというのが、その後四半世紀の現実である。安倍氏は、その世論に支えられて長期政権を維持できたのだが、では、歴史認識の逆転を生みだしたものは何だったのだろうか。

▽国際法、国際政治の現実と運動が掲げる要求のズレ

主に韓国との関係にしぼって論じる。また、話を分かりやすくするため（単純化してしまうことになるが）、侵略と植民地支配の責任を謝罪する考え方を「罪責史観」と呼び、それに反対して日本の栄光を強調する考え方を「栄光史観」と名づけておく。

一つには、国際政治、国際法の現実と、韓国やそれを支援する日本の運動団体のズレがあった。河野談話や村山談話に見られる日本政府の立場は、国際政治、国際法の水準にそれなりに合致したものであるが、韓国と日本の運動団体はそれを超える水準の高い要求をしてくる。その結果、日本国民多数の気持が、韓国とそれを支援する日本側の運動団体の主張から離れていき、それを嫌悪するようになってしまったことだ。

例えば、韓国側の主張は、徴用工問題での大法院判決に見られるように、日本のかつての植民地支配は違法だったので謝罪して賠償せよというものである。しかし、欧米諸国は一様に過去の

植民地支配の違法性など認めていないため、違法性を認めて謝罪することを規定した国際法はどこにも存在していない（いま植民地を獲得しようとすれば国際法に違反することは明白であるが）。したがって、日本に限らず、どの旧植民地宗主国もそんな行為にはおよんでいない。支配下で部族殲滅など人道犯罪を犯したことが暴露されたときにだけ、かろうじて謝罪して補償する程度だ。その結果、欧米こそが植民地支配の先輩なのに責任追及されず、日本だけが悪者にされているという国民感情が生まれていく。これは侵略戦争についても同じで、欧米は頻繁に侵略戦争をしたけれど裁かれなかったのに、日本とドイツを裁くために侵略は違法だとあとづけで国際法がつくられ、それまで侵略をくり返した欧米は責任を問われない。他国はどうあれ、日本が悪いことは事実だから認めよと罪責史観派は言うのだが、割り切れない感情が残るのは当然なのである。

さらに、国際水準がそんな程度のものであっても、日本は一九六五年に結んだ日韓基本条約と請求権協定において、植民地支配下のいろいろな行為に関して韓国側の請求権を認め（日本側は請求権を放棄し）、それなりの額の支払いを行った。植民地支配が違法だという認識は拒否したが、村山談話において、日本が国策を誤った結果のものだったことを認め、反省と謝罪を表明した。

ところが、韓国側はそれではダメだと頑として非難する。日本の支援団体も同じだ。その根拠としてドイツが個人補償をしていることなどが挙げられる。こうして、「罪責史観」においては、世界の中で批判されるべき国は日本だけと主張しているかのような現象が生まれる。

しかし、何らかの補償、賠償をする場合であっても、日本がやったように国家と国家が条約を結び、相手の国家に対して何らかの資金を支払うというのは、国際法の真っ当なやり方である。世界はずっとその方法でやってきた。戦後、ドイツが東西に分裂したため、他国と賠償を含む平和条約を結ぶ主体とはなれず、しかしだからといってユダヤ人虐殺にほおかむりするわけにはいかない事情のもとで、国家が個人に補償するというやり方がはじめて生まれた。それが人権重視の世界では先駆的なものにはなるのだが、日本もやり方は異なるが、国際法に合致したやり方で責任を果たそうとしてきたのである。

こうして、かつての列強の侵略や植民地支配の違法性追及を脇においたまま、世界の中で問題があるのは日本だけというような主張をすることは、現実から乖離した面があるので、大方の世論からズレて行かざるを得ない。これが、歴史認識問題の世論が逆転した一つの原因である。

∇ファクトでの間違いが歴史観を逆転させた

もう一つ、歴史認識問題で決定的に大事なのはファクトであるが、罪責史観の側がそこで重大な間違いを犯したことだ。慰安婦問題にかかわることである。

河野談話が出され、日本国民の多数は、その水準で日韓関係が平穏になることを願った。韓国政府も一時はその方向で動いたが、韓国の運動団体はそれを拒否する。河野談話では慰安婦問題が日本の犯した犯罪であることが明確にされておらず、犯罪を犯した関係者の処罰もされていないというのである。日本側でも、社会党（当時）や共産党、運動団体が同じ立場をとる。そして、犯罪であることの最大の証拠とされたのが、いやがる女性たちは強制連行されたというものであった。いわゆる吉田証言にあった慰安婦狩りである。国民の多くも、この吉田証言を目にして、日本の責任を感じることとなった。

慰安婦というのは、当時の日本の法律のもとで制度がつくられ、日本でも朝鮮半島でも業者が募集を行っていた。その過程で業者が「楽しい仕事だ」と甘言を弄したり、「親の借金をどうするのだ」とおどしたりすることがあって、それはそれで問題であるのは当然である。しかし何十年もあとになってそれを犯罪として問うのは簡単ではない。一方、軍隊を含む日本の官憲が、泣き叫んで逃げる少女を銃剣で追い立てて強制連行したとすれば、日本の国家犯罪として十分に賠償の対象となる。

ところが、朝日新聞問題で明らかになったように、その種の強制連行があったとする吉田証言は虚構であった。それ以外にも犯罪となるような強制連行の証拠、ファクトは見つかっていない。「栄光史観」の側は、強制連行はなかったという一点にしぼって、「罪責史観」を批判する。「罪責史観」の側も、その途中経過で吉田証言の虚構をうすうす自覚するようになり、いつの間にか論点を「強制連行があった」から「強制性があった」に転換する。

しかし、強制連行と強制性というのは、慰安婦問題が国家犯罪だったかどうかを分けるメルクマールであり、転換するのであれば理由を明確にすべきものであった。しかも、強制性という水準なら河野談話も認めるところだったので、談話の線で合意をつくるべきだったのに、「罪責史観」派は「強制性」を根拠として、あくまで国家犯罪としての対処を求めたのである。

そこに吉田証言のウソが暴かれたのだ。歴史認識ではファクトがすべてである。そのファクトがないではないかと「栄光史観」が詰め寄り、「罪責史観」が間違いを認めたのである。「罪責史観」はそれまで、「栄光史観」のファクトのなさを批判してきたのだが、それ以降、国民世論は「罪責史観」が持ち出すファクトを疑うようになる。南京虐殺などそもそも存在しないなどという言説が世論で影響力を獲得していったのには、こうした経緯がからんでいる。

安倍政権は、そういう時代背景の中で登場した。というより、そういう時代をつくった当事者の一人であった。これが安倍氏の政権獲得にも政権安定にも大きな影響を持つことになる。

第二章

安倍氏は変化にどう対応したか
――第一次政権の失敗を受け止めて

二〇〇六年に成立した第一次安倍政権は、一言で言えば、中途半端な政権であった。政権として何をめざすのかが固まっておらず、ただ政権を手にしたことを喜んだ政権だったとでも言えようか。

「戦後レジームからの脱却」を掲げ、「美しい国」を標語とし、実際の課題では「愛国心」を明記する教育基本法改正を行い、集団的自衛権の行使容認の議論を開始した。その点では、タカ派の面目躍如であった。安倍氏の右寄りのイメージはこの時期に確立する。

一方で驚かされたのは、それまで総理が最初に訪問するのはアメリカというのが定番だったのに、最初の外国訪問として中国を選んだことであった。小泉前首相が在任中に毎年靖国神社を参拝し、中国との関係が冷え込んでいたので、その解消をめざしたものであった。第二次政権にも通じるものであるが、自分のタカ派的理念だけを優先するわけではないという理性が発揮されたと感じる。

ほとんど何も成し遂げることなく病気で退陣した首相だから、常識的に再登板はなかったはずである。まわりからの期待も醒めるし、何より本人がモチベーションを回復するのも容易ではない。そこを克服して再び総理大臣に挑戦するのは、自分の中に何か大きな変化がなければできないことであった。

1、岩盤支持層がいたからリベラルに手を伸ばせた

▽就任直後に靖国神社に参拝した戦略的意味

二〇一三年一二月、第二次政権を発足させた安倍氏は、一年後に靖国神社を参拝する。第一次政権で最初に中国訪問を敢行したのとは、対照的なできごとであった。誰もが第一次政権の失敗をふまえ、完全な右寄り路線で政権運営を企んでいると感じたであろう。アメリカ政府も、大使館のホームページで声明を発表するという異例の対応をとった。「日本は重要な同盟国であり友だが、アメリカ政府は日本が隣国と関係を悪化させる行動を取ったことに失望している」とする厳しいものであった。

しかし、多くの人が知っているように、その後の安倍氏は総理在任中、一度も靖国に参拝しなかった（退陣直後に参拝したが）。そこには安倍氏なりの戦略があったことが報じられている。第

二次安倍政権発足当時に朝日新聞の官邸キャップを務めた林尚行氏は、最近こう証言した。

「安倍首相は二〇一三年の一二月、靖国神社を電撃的に参拝しました。当時アメリカの副大統領だったバイデン氏が、日韓両国を訪問して関係改善を促した直後というタイミングでした。中国や韓国が反発しただけでなく、米国も『日本の指導者が近隣諸国との緊張を悪化させるような行動を取ったことに、米国政府は失望している』と声明を出しました。

私は当時の紙面で『首相の外交の選択肢を狭めることになるのは必至だ』『安倍政権の二年目は課題山積なのに、首相は参拝にこだわった。日本の内政・外交の責任者である首相の政治判断として正しかったとは思えない』と指摘しました。つまり、外交への影響は甚大なのに、首相本人が行きたいから行っただけなのではないかと。

ところが、安倍さんの周辺を取材すると、『これでしばらく行かなくていい。任期中にはもう行かないんだ』と言うんですよね。

安倍さんは当時から長期政権を考えていて、最低六年はやるつもりでした。その六年間のどこで靖国に参拝しておくのが一番いいのかと考えた結果、一番調子がいい時に行ってしまって、後は行かないというメッセージをにじませることによって、日米関係、そして日中関係を安定化させせようと計算したと。

それを聞いて私は、はっとなりました。計算ずくで物事を決めて実行する、中長期的に考える、これはなかなか手ごわい首相だぞと思ったのを覚えています」（【朝日新聞ポッドキャスト】官邸キャップが語る安倍政権② 有料会員記事二〇二〇年九月一二日 一〇時〇〇分配信）

最初に靖国に参拝するが、その後は行かない。そのことによって日米関係、日中関係を安定させる。その計算ずくで最初に参拝したというのである。実際、その後は一度も参拝しなかったのだから、外れた論評ではないのだろう。

しかも、この戦略が対外関係だけでなく、国民の安定した支持のためにも効果的だったことが大事である。第一章で論じたように、九〇年代からの政治闘争を通じて、「栄光史観」とも言うべき考え方が少なくない国民に浸透してきた。靖国に参拝することによって、そういう層の支持はつなぎ止めることができる。

同時に、その後は長く参拝しないことによって、リベラル派、左派を刺激しないで済む。場合によってはそういう層からの支持も得ることができる。安倍氏の戦略はそのようなものだったに違いない。戦後七〇年に当たる二〇一五年、二つの象徴的な出来事があった。

▽中身はどうあれ右派以外の支持を得た戦後七〇年談話

一つは、歴史認識に関する安倍首相談話である。戦後五〇年に出された村山談話に替わるものとして用意された談話である。

村山談話は、日本が「国策を誤り」、「侵略」と「植民地支配」を行ったことを認め、「反省」と「お詫び」を表明したことに特徴があった。一方の安倍氏は、首相になる以前（二〇〇九年）、村山談話について「あまりに一面的」「村山さんの個人的な歴史観に、日本がいつまでも縛られることはない」と断じていた（『正論』）。首相になってからも、「安倍内閣として、村山談話をそのまま継承しているわけではない」と明言していた。

したがって、安倍氏が七〇年談話を用意していると述べたとき、世論の大勢は村山談話を否定するものになると予想した。村山談話にある「侵略」、「植民地支配」、「お詫び」、「反省」が四つのキーワードとされ、それが盛り込まれるかどうかが焦点となっていく。

結果は、多くの人が承知しているように、四つのキーワードはすべて盛り込まれた。「歴代内閣の立場は、今後も、揺るぎないものであります」として、村山談話を否定しないような文言も使われた。そのため、予想されたよりは反発が少なかったように思える。

アメリカのオバマ大統領は、「歓迎する」と表明した。韓国の朴槿恵大統領も、日本からの独立を記念する八月一五日の光復節の演説において、「安倍総理の戦後七〇年談話は、われわれとしては残念な部分が少なくなかったのは事実」としつつも、「謝罪と反省を根幹とした歴代内閣の立場は今後も揺るぎないということを国際社会にはっきりと明らかにした点に注目します」と述べた。中国外務省の報道官は、「日本は当然、戦争責任を明確に説明し、被害国の人民に誠実に謝罪し、軍国主義の侵略の歴史を切断すべきだ。この重大な原則問題についていかなるごまかしもすべきではない」と一般論を述べ、直接のあからさまな批判は避けた。

率直に言って、この安倍談話は、四つのキーワードが盛り込まれたとはいえ、村山談話とは似て非なるものである。談話で問題にしている日本の行為の起点は、一九三一年の満州事変であって、一九一〇年に始まる朝鮮半島に対する植民地支配はそもそも対象となっていない。侵略についても、安倍氏は談話発表直後の記者会見で、「日本の行いが『侵略』という言葉の定義に当てはめればだめだが、当てはまらなければ許されるというものではありません」と述べた。これは、どういうものであっても許されないと言ったようにも見えるが、続いて安倍氏は「どんな行為が『侵略』に当たるか否かは歴史家の議論に委ねる」とくり返しているので、日本の行為は侵略に当たらないと開き直ったようにも思える。

しかし、いずれにせよ安倍談話は、少なくとも日本の行為を正当化する文言を用いたわけではない。日本の侵略と植民地支配の容認につながるものはすべて糾弾するという姿勢の人にとっては、とうてい支持できるものではなかっただろうが、外交関係を安定させたい国家とか、歴史には光も影もあると感じている普通の日本国民には、あえて批判の刃を向ける対象とはならなかったのだろう。

一方、日本が正しいことをしたと主張している日本会議系列の人にとってはどうだったかと言えば、これによって安倍批判に回るというほどの動機を与えるものにならなかった。人によって異なるが、容認から賛成まで幅広く、他方、強く反対した人は見かけない。

こうして安倍談話は目的を達成した。右寄りの岩盤支持層の支持を失わないで、中間派を納得させるという目的である。

▽慰安婦問題では歴代内閣ができなかった決断をした

同じ二〇一五年のもう一つのできごとは、一二月末になって飛び込んできた。日韓外相会議が開かれ、慰安婦問題での政府合意が公表された。ほとんど誰も予想しなかった合意であった。

　現在、日本と周辺諸国の関係を見ると、韓国との関係が戦後最悪とも言える事態になっている。では、そういう関係が日本国民の安倍政権への離反となっているかというと、まったく逆であった。リベラルと目されている人、リベラルを自称する人でも、多くは日韓関係が悪化した原因は安倍政権ではなく韓国側にあると捉えている。それは韓国との関係で安倍政権がとってきた対応が強行だったことにではなく、それなりに譲歩して柔軟に対応したのに、韓国側が真剣に向き合ってこなかったことも影響している。その象徴が慰安婦問題であった。

　慰安婦問題は安倍政権が創り出した問題ではない。九三年の河野談話で自民党が解決を試み、九四年に成立した村山政権が河野談話の線でアジア女性基金をつくり、何とか解決しようとしてきた。しかし、その後の自民党政権も、民主党政権も、誰も解決できなかった。

　なぜかと言えば、すでに述べたことであるが、河野談話が慰安婦問題を日本の国家犯罪だと認めず、日本の法的責任を回避したものだと、韓国側が受け止めたからである。日本政府が日本の人道的責任にはふれるが、法的責任を認めないことを韓国側は問題にしたのである。アジア女性基金を結成して慰安婦に償い金を支給したが、日本の税金は基金の運営費に充てられたが償い金には充てられないことも、日本の法的責任を回避する象徴だと捉えたのである。

それが一九九五年にでき上がった構図である。その構図を崩して打開する仕事は、日本のどの内閣もできなかった。いや、しようともしなかった。それに果敢に挑戦したのが安倍内閣だったのである。

この合意で日本側はまず、「慰安婦問題は、当時の軍の関与の下に、多数の女性の名誉と尊厳を深く傷つけた問題であり、かかる観点から、日本政府は責任を痛感している」と表明した。ここで「責任」という言葉を使っていることに注目してほしい。それまでは日本側は「人道的責任」という言葉を使い、韓国側は「法的責任」を認めよと要求し、折り合いがつかなかった。そこを日韓両国は「責任」という言葉を使うことにより、何とかクリアーしようとしたのである。「この責任は法的なものも認めたのか」と問われれば、日本側は「認めた」とは言えなかっただろうから、ガラス細工のようなものではあったけれども、克服しようとする意思はあったのである。

さらにこの合意は、「安倍内閣総理大臣は、日本国の内閣総理大臣として改めて、慰安婦として数多の苦痛を経験され、心身にわたり癒しがたい傷を負われた全ての方々に対し、心からおわびと反省の気持ちを表明する」ことも明確にした。河野談話と同水準であり、慰安婦問題を口にすることすら嫌っていた安倍首相の言葉としては、最大級のものだったと感じる。

それよりも大事なのは、この合意にもとづき、「韓国政府が、元慰安婦の方々の支援を目的とした財団を設立し、これに日本政府の予算で資金を一括で拠出し、日韓両政府が協力し、全ての元慰安婦の方々の名誉と尊厳の回復、心の傷の癒やしのための事業を行うこととする」としたことであった。韓国政府が財団をつくり慰安婦のための活動を行うのだが、日本が拠出する資金はすべて税金を充てるというのである。アジア女性基金の際、日本の税金が基金の運営費のみに充てられ、「日本が法的責任を回避している」と韓国から批判されたことをふまえ、安倍政権が全額を税金で支払うことを決断したのである。他の自民党政権も民主党政権もできなかったことである。

日本で慰安婦問題を主導してきた団体の一つに、アクティブ・ミュージアム「女たちの戦争と平和資料館」(wam)がある。この団体は合意を受けた声明で、「甚だ不十分」としつつも、「日本政府が『責任を痛感』したうえで、日本の国庫から拠出されるお金は、日本政府からの『謝罪の証』であると認められる可能性がある」と踏み込んだ。

ところが、それでも韓国の運動団体はこれをいっさい評価することもなく、かえって合意を結んだ朴槿恵大統領への批判が高まる。そして、その運動団体の支援を受けて当選した文在寅大統領が、合意を遂行しない立場を表明し、財団は解散に追い込まれた。

ことここに至って、それまで韓国の主張を何とか理解しようとしてきた日本のリベラル世論の中にも、一種のあきらめムードが生まれたように思う。ましてや、世論全体を見渡すと、韓国を支持する人々は隅っこに追い詰められた状態になる。それが徴用工問題でさらに加速した。

そういう世論は、安倍政権が反韓を煽ったからつくられたのではない（そういう面があることは否定しないが）。安倍政権が慰安婦問題を解決するため、それまでのどの保守政権、民主党政権もできなかったことをした結果として、この世にあらわれたのである。

▽リベラル・左派なら本格的なアプローチが可能

新型コロナが中国で発生し、世界の厳しい目が中国に向けられた。中国からの渡航を禁止すべきとの世論が広がったが、安倍政権の対応は遅れた。安倍氏が渡航禁止に踏み込むことをためらったのは、習近平氏の国賓としての来日にこだわったからである。これに対して、自民党の右派グループは国賓待遇を止めることを強く求め、日本共産党も国賓扱いの再検討を主張するなど、安倍氏は左右からの批判にさらされることになる。最終的に来日は延期されたが、安倍氏が右派勢力からの圧力があっても、中国との関係に心を砕いていたことだけは明確である。

つまり、これまで見てきたように、安倍政権は、右派の岩盤支持層を固めつつも、右派が嫌うことにも触手を伸ばし、リベラル・左派にウィングを広げてきたのである。右寄りの岩盤支持層は、第一章で述べたように九〇年台後半以降、一貫して広がってきたのであり、数としても多い。その支持が当てにできるのであるから、政権が安定するには大きな要素である。

その上で安倍政権は、これもそれなりの数がいるリベラル・左派が共感するようなアプローチをとってきた。岩盤支持層には不満の残るやり方なのだが、だからといって岩盤支持層がリベラル・左翼政党に支持を移すことはないので、安倍氏は自由に動き回ることができたのである。

こういうやり方は、リベラル・左派こそ学ばなければならない。例えば、護憲という課題のことを考えても、護憲政党が自衛隊の問題について、侵略性を増しているとか、反人民的な軍隊だとか、いくら自衛隊を否定するような言葉を証拠を羅列しても、護憲派が内部で喜び、内部で盛り上がるだけであり、外への支持は広がらない。そういうやり方ではなくて、護憲政党の側から、自衛隊を肯定する人たちが共感するようなアプローチを考え、実践しないと、改憲派が護憲派の声に耳を傾けることとすらない。そんなことをすると、従来型の護憲派は不満を高めるだろうか、それは無視していいのである。なぜなら、そういう護憲派は、そんなことで護憲の立場を放棄することはないからだ。安倍氏がいくらリベラルに寄った言動をしても、岩盤支持層が逃げていかないのと同じである。

しかも、安倍氏のアプローチは、あくまで政権安定のための戦略であった。長期政権を続けようとすると、アメリカや中国からの批判にさらされながらでは難しいのである。一方、リベラル・左派であるならば、より根本的にアジア諸国との永続的な友好関係の確立という戦略を立てられるはずである。次の章で論じるが、現在は中国や韓国を嫌悪しているように見える保守や右派にも共感されるようなアプローチとはどんなものか、真剣に考えなければならない。

2、アメリカに安全を頼れない時代の一つの選択肢

第一章で明らかにしたように、冷戦が終了したことは、アメリカが自由主義陣営を（したがって日本を）命をかけても守るという時代の終わりを意味した。日本の平和と安全をアメリカに頼れない時代が訪れる中で、安倍首相は一つの新しい選択肢を示すことになる。それは、私の考え方とは異なるものであるが、日本の平和と安全を憂えている人にとって、一つの選択肢になるものではあったと考える。

▽他の首相は時代の変化に沿った政策を提示できなかった

冷戦崩壊後、いろいろな人が首相の座についた。しかし、日本の安全をどう守るかについて、基本的な考え方は同じであった。

そもそも九三年に自民党一党支配を打ち破って成立した非自民の細川政権も、連立八党派の政権合意（九三年七月二九日）では「外交および防衛等国の基本施策について、これまでの政策を継承し」として、安全保障政策は自民党と同じであることを売り物にしていた。自社さ連立の村山政権は、社会党がそれまでと立場を変え、日米安保を肯定し、自衛隊違憲論を投げ捨てたとはいえ、戦後五〇年の村山談話で独自色を打ち出せたことに見られるように、安全保障政策の面で多少は色合いの異なるものを提示できる可能性はあった。いや、安保と自衛隊を肯定したが故に、具体的な政策面で別のものを提示できないと、支持者から見放される危険があった。しかし、安保と自衛隊を肯定した上での安全保障政策などそれまで考えたこともいなかったため、何も打ち出せないまま凋落していくことになる。

その後、橋本政権、小渕政権、森政権と自民党の政権が復活する。これらの政権は、安全保障の面では、要するに前例の踏襲であった。日米安保をとにかく信頼して維持する、アメリカの核の傘に頼る、アメリカは槍の役割を果たし日本は盾の役割に徹する、すなわち専守防衛に徹し、集団的自衛権は違憲との立場を堅持する。これが従来型の安全保障政策の基本である。

そこには手を触れないというのは、冷戦の崩壊が何をもたらしたかについて、ほとんど無思考だったことを意味する。それに対して、持ち前の直感力で、このままではアメリカに守ってもらえないと洞察できたのが、あの小泉首相であった。第一章で述べたように、いざというときにアメリカに守ってもらうためだと公然と述べて、イラクに自衛隊を派遣した。そして、集団的自衛権の議論を堂々と開始したのも、アメリカが武力攻撃されたときに自衛隊が反撃に加われることをめざしたものであった。

それを受け継ぎ、第一次安倍政権が集団的自衛権行使に向けた本格的な議論を開始したが、結局、短命に終わる。そして、福田、麻生の自民党政権が続くのだが、安全保障面では先祖返りしただけであった。少なくない国民は、イラク派兵の路線にも批判的だったが、従来型への回帰を求めていたわけではなかった。

そこに、「対等平等な日米関係」「普天間基地は県外移設」を掲げ、民主党政権が登場したのである。新たな安保、外交政策が生まれるとの期待が高まったのは当然のことだ。そして、そうであるが故に、結局は自民党と同じ路線に逆戻りしていく民主党を見て、現状を抜本的に変える新しい選択肢はないのかと、一種の喪失感が国民を覆うことになる。

安倍氏はそこに、民主党型ではない選択肢を携えて登場してきたのだ。そこに、他の自民党の政治家にも、民主党にもない新しさがあった。

▽安倍氏は変化しないとダメだと考えた

安倍氏の安全保障政策の新しさは二つにまとめることができる。その両者は分かちがたく結びついているのであるが、あえて分けて論じると、一つは「抱きつき戦略」とでも言うべきものだ。「抱きつき戦略」とは、要するに、日本がアメリカに抱きついて一体となることである。それによって、両国は離れられない関係にあることへの自覚をアメリカに促し、日本防衛の意欲を持ってもらう戦略と言えるだろうか。

安倍氏が第二次政権で最初に閣議決定した日本初の国家安全保障戦略がある。そこには「日米共同の抑止力」という言葉が初めて登場する。「防衛白書」の解説を見てみよう。

「新防衛大綱は、日米同盟の抑止力及び対処力の強化のため、平時から有事までのあらゆる段階で、日米両国間の情報共有を強化し、実効的かつ円滑な調整を行い、我が国の平和と安全を確保するためのあらゆる措置を講ずることとしている。

このため、各種の運用協力及び政策調整を一層深化させることとしている。……日米共同による柔軟に選択される抑止措置の拡大・深化、共同計画の策定・更新の推進、拡大抑止協議の深化などを図ることとしている。これらに加え、米軍の活動を支援するための後方支援や、米軍の艦艇、航空機等の防護といった取組を一層積極的に実施することとしている」

「日米共同の抑止力」という言葉は、いまでは普通に使われるようになったが、日本の防衛政策を根本的に転換する考え方であった。防衛大学校の校長であった五百籏頭眞氏は、鳩山政権下で抑止力の問題が焦点となったとき、「日本は専守防衛だから、抑止力はもてない」(読売新聞二〇一〇年六月一日)と明言していた。国際政治の専門家にとって、抑止力とは、日本は持てないがアメリカなら持てるものだと理解されてきたということだ。

これは当然である。すでに述べたように、アメリカが槍の役割を果たすこと、そして最後には核兵器を使用することを「抑止力」と捉える一方、日本は盾の役割を果たし、後方支援に徹するというのが、戦後日本の防衛政策の根幹だったからである。「日米共同の抑止力」という言葉は、それを転換し、日本も槍の役割を担おうという決意のあらわれだったのである。日本もアメリカとともに武力行使に加わることで、日米が一体だという自覚をアメリカに持ってもらい、いざというときにはアメリカに守ってもらうということでもある。

集団的自衛権の行使を容認したことも、その一部である。アメリカの艦船が攻撃されたときに自衛隊が守るのであるから、日本が攻撃されたときは当然守ってもらえるものだという含意がそこにはあった。

そのような武力行使に直接かかわるものだけではない。アメリカから戦闘機を買えと言われれば言い値で買い、イージスアショアを整備せよと求められればそれに応じているのも（これはさすがに破綻したが）、抱きつき戦略の一環である。これまでもアメリカに求められて装備を購入することはあったが、アメリカに守ってもらえないという怯えが、こうした爆買いにつながっているのが現状である。

しかし、ともかく、「これだけアメリカに尽くしているのだから、いざというときは何とかなる」と国民に思わせる効果は、多少はあるのかもしれない。本当に守ってもらえるかどうかは、どうやっても証明できないのではあるが。

▽それがダメでも日本の能力は高まる

安倍氏の安全保障政策のもう一つの新しい点は、日本自身の防衛力、攻撃力を高めるというものである。それによってアメリカとともに戦う体制をつくり、アメリカの信頼を得るという側面では「抱きつき戦略」なのであるが、安倍氏自身、本当にアメリカに守ってもらえるとは考えていないのではないだろうか。この戦略を進めることは、いざというときにアメリカが守ってくれなくても、日本自身が単独で戦う能力を持つことに近づくという点で、やはり冷戦後の新しい安全保障政策という別の側面を持っている。

安倍政権が最後に編成した二〇二〇年度予算では、護衛艦「いずも」を改修して戦闘機F−35Bを積載できる予算が組まれ、現在、「いずも」はそのための改修に入っている。「いずも」はこれまでも攻撃型ヘリコプターを搭載できたので、「事実上の空母」と呼ばれてきたのであるが、戦闘機を搭載するとなると、「事実上の」という形容はもう不要になる。空母は、敵国の近海に入り込んで、戦闘機で攻撃することを基本的な性格としており、「専守防衛」の日本は保有できないとされてきた。安倍氏はそこを突破したのである。

さらに、すでに退陣を公表した安倍氏が、その最後にやったのは、敵基地攻撃能力を保有するための議論を促す談話の発表であった（九月一一日）。談話では、「わが国を取り巻く安全保障環境は厳しさを増しています」として北朝鮮のミサイル能力向上を強調し、「迎撃能力を向上させるだけで本当に国民の命と平和な暮らしを守り抜くことが出来るのか」として、敵基地攻撃の能力を持つべきだという気持をにじませている。

政権に責任を負わないことが明確になっている人間が、戦後の安全保障政策の根幹を壊す考え方を提示し、次期政権に議論の継続を求めるということ自体、あまりに非常識である。しかし、たとえば北朝鮮なりがミサイルを発射したとして、これまではアメリカが発射基地を叩いてくれると信じていたのが、いまやアメリカに頼れなくなった現実は存在する。アメリカの抑止力を信頼してきた日本国民の多数が、どうしたらミサイルを防げるのかの解答を見いだせていないのも、また疑えない現実である。その点で安倍氏は、とにもかくにも選択肢を示そうとしたのである。問題は、それに替わる選択肢を提示できるのかどうかだ。

▽安倍氏の安全保障論の限界はどこにあるか

安倍氏が敵基地攻撃能力に傾斜する以前、国会で何回もくり返したのは、北朝鮮のミサイルの迎撃に失敗したら、報復してくれるのはアメリカだけだということであった。小泉氏がイラク派兵の際に用いた論理と同じだが、正確に引用すると以下のようなものである（衆議院予算委員会、二〇一七年二月一四日）。

「北朝鮮は先般、弾道ミサイルを発射した。弾道ミサイルを発射された際、それを共同で守るのは、ミサイルディフェンスにおいてもそうですが、米国だけであります。そして、残念ながら撃ち漏らしてしまった、それに対して報復する、この能力を持っている、あるいは報復するのも米国だけであります。しかし、安全保障条約五条にもありますが、必ず報復するのかどうか、これは常に大きな課題です。そこには信頼関係がなければそれは無理ですね。そして、少なくとも首脳同士に信頼関係があると思われなければならない。トランプ大統領が必ずこれは報復するねという認識を持ってもらわないと、報復しないかもしれないと思うと、冒険主義に走る危険性が出てくると思います」

ここには、安倍氏の安全保障政策の弱点があらわれている。四点に分けて述べる。

一つは、ミサイル防衛をアメリカと共同で進めているわけだが、「撃ち漏らす」ことがあると認めていることだ。イージスアショアも含め、ミサイル防衛は万能のシステムではない。

二つ目は、これまで論じてきたように、「(アメリカが)必ず報復するのかどうか、これは常に大きな課題です」として、アメリカの報復の意思にたいして、安倍氏自身が全幅の信頼を置いていないことである。頼りは「首脳同士の信頼関係」だけということになっている。

三つ目に、北朝鮮が「冒険主義に走る危険性が出てくると思います」と認めていることである。ここでは、「(アメリカが) 報復しないかもしれないと思うと」という前提に立っているが、報復されることが分かっていても冒険主義に走る国があることは、戦前の日本を想起すればいい。いくら抑止力を強めても他国の意思を変えることは簡単ではない

四つ目。一つ目とも関連するが、ミサイルを「撃ち漏らす」ことがあるので、その際の報復をアメリカに頼るということは、見方を変えれば、北朝鮮の核ミサイルを撃ち漏らして日本の国土、国民に重大な被害が出ていることが前提になっていることである。アメリカがいくら報復しても、北朝鮮のミサイルは次々と飛んで来る可能性がある。一つ目を撃ち落とせない程度の能力しかないわけだから、日本は何発、何十発ものミサイル攻撃を受けることになる。これは広島、長崎に続いて三度目の被爆を受けることを前提とした戦略というほかない。

五つ目。だから安倍氏は、日本もまた敵基地攻撃能力を保有すべきだと考えているのだが、アメリカができないことを日本ができるはずもない。どんなに防衛能力を高めてもできないのだ。

安倍氏の提示し、実践してきたものは、たしかに安全保障をアメリカに頼れない時代の一つの選択肢ではあった。しかし、日本の国土が破壊され、国民が傷つくことを前提とした選択肢なのである。そうでない選択肢を提示していくことが不可欠ではないだろうか。

3、新自由主義の枠内で是正策に乗り出した

▽他の首相はみんな枠内だった

新型コロナの発生をきっかけにして、日本経済の落ち込みが指摘されており、日々深刻さを増している。しかし、日本経済は、九〇年代初頭のバブル崩壊以降、一貫して低成長を記録してきた。ゼロ成長かせいぜい二％程度の成長である。

九〇年代半ば以降の歴代政権は、橋本内閣の金融ビッグバンに見られるように、経済停滞を新自由主義路線で打開すべく関連政策を実施してきた。派遣労働の拡大など労働条件をはじめとする規制緩和の大合唱となり、コロナ問題で露呈したように「小さな政府」のかけ声のもとに保健所などの業務は縮小され、財政赤字を減らすとして社会保障などを切り捨てるいわゆる緊縮路線がとられてきた。三％で導入された消費税がはじめて増税され五％になったのも橋本内閣におい

てであった。

二〇〇一年に総理大臣になった小泉純一郎氏は、郵政民営化など新自由主義路線を本格的に推し進め、そのもとで二〇〇二年から二〇〇八年まで七三か月の景気拡大が続き、「いざなみ景気」と呼ばれた。しかし、その期間とて成長率は二%前後であり、労働者の実質賃金も増えず、実感には乏しかった。その名称は、一九六〇年から七〇年まで五七か月続いた「いざなぎ景気」にちなんで名づけられたが、後者は成長率が二桁だったのであって、名称を似せて比べるには恥ずかしいほどの違いである。

資本主義にとって深刻なことは、「いざなみ景気」が開始された頃から、企業による投資が抑制されてきたことである。資本主義というのは、企業が投資を行い、技術革新が進み、それによって拡大再生産が達成されるシステムである。それで利潤を拡大したとして必ずしも労働者の賃金に回されるわけではないが、企業にとってそのための余裕が生まれることは事実である。拡大した利潤が新たな研究開発に結びつけば、競争で有利になり、資本主義の中で生き残っていく企業となる。

ところが、各種の統計を見れば明らかなように、二一世紀に入って、日本の大企業はそのような投資を抑制してくる。しかも、投資を抑制しているにもかかわらず、利潤率は拡大し、内部留保を増やすようになってきているのである。要するに、将来的に企業を成長軌道に乗せるために努力することを放棄し、せいぜい短期的に収益のあがる事業に集中するとともに、非正規労働者を増やすなどして支出を減らすことによって、利潤を確保するようになったということである。投資しないで利潤があがるとなれば、もしかしたらムダになるかもしれない長期的な視野に立った投資はしないようになる。

これの何が深刻かと言えば、企業が短期的には利潤を獲得できても、大企業でさえ長期的には生き残れないことである。アメリカのＧＡＦＡに代表されるように、世界的には巨大な成長産業が存在しているのに、日本の大企業は技術革新を怠り、どんどん衰退していく。それが明らかになりはじめたのが、二一世紀初頭の現象であった。

▽安倍氏が是正したこと、その結果

橋本氏以降の他の総理大臣と同様、安倍氏も第一期までは、この深刻な現状への自覚がなく、ただ漫然と従来型の新自由主義政策を続けるばかりであった。企業の成長は途絶え、労働者の実質賃金は減り続け、日本の将来は暗澹としていた。

第二次政権で安倍氏が唱え、実践した「アベノミクス」は、その成否はどうあれ、従来路線ではうまくいかないという自覚に立ったものであった。そこにようやく気づいたところに、他の首相にはなかった安倍氏の特質がある。

アベノミクスとは、大胆な金融緩和政策、機動的な財政政策、民間投資を喚起する成長戦略の「三本の矢」を柱とすると言われている。「機動的な財政政策」自体が、新自由主義が掲げた「小さな政府」とは異質のものである。一方、金融緩和政策はそれ以前から実施されていたものであるが、安倍内閣は「異次元の金融緩和」としてゼロ金利、マイナス金利も容認するようになった。そのことによって、企業による資金の調達を容易にし、何とか投資を拡大する成長を実現したいと考えたのである。投資を抑制し、目先の収益にこだわり、その結果、実質賃金も減っていくという、日本経済が二一世紀になって陥っていた負の連鎖を断ちきろうとしたものだと言える。

アベノミクスにはそれなりの効果があったと感じる。右派の言説を紹介すると事実を疑う人が出てくるので、ここは左派の松尾匡氏（立命館大学経済学部教授）に登場していただこう。氏は、近著（『左派・リベラル派が勝つための経済政策作戦会議』）において、統計数字を挙げながら以下のように述べている。

「就業者の数ですが、年次データとしては一九九七年に就業者数六五五七万人をつけて、翌年からデフレ不況に突入します。その後長くこの値に達することはありませんでしたが、二〇一八年にとうとうこれを抜いて、史上最高値六六六四万人を記録しました」

「正規雇用に関しても近年増えています。二〇一八年の数字は、とうとうリーマンショック前の値を追い越しました」

「賃金の総額、世の中の賃金の総額は民主党政権時代にやはり低迷し、安倍政権になってからどんどん増えていて、現在過去の最高値を超えています」

「民主党時代に比べて安倍政権時代は実質賃金が低下しているということがよく言われます。これを見てみると、減り方は、もう民主党政権時代から減っているのです。……それに対して安倍政権下ではどうなっているのかというと、名目賃金は、少ないけれど上がっている。しかし物価が上がっているために実質賃金が下がっているということなのです」

この程度にしておこう。いずれにせよ、安倍政権時代の成果を無視することは間違いなのである。

▽根本的なところでは変えられなかった

しかし、逆の言い方も可能である。あれだけの借金をしてあれだけの財政出動をしておきながら、またあれだけの金融緩和で企業に設備投資を促しておきながら、結局はこの程度にとどまったということである。アベノミクスによる景気拡大は、もともと細々としたものであったが、内閣府によっても、いまから二年も前の二〇一八年一〇月には終了したことが明らかにされた。アベノミクスによっても、日本資本主義の深刻な現状を変えることはできなかったということなのだ。いや、むしろその矛盾は拡大したと言って良い（以下の資料は佐藤拓也「生産性の低迷とは何を意味するか」『経済』二〇一九年九月号）。

異次元と自分で言うほど金利を引き下げ、国債で株を買って株価をつり上げ、企業が資金を調達しやすくしたのに、それでも設備投資は伸びなかった。民間企業の設備投資は、「いざなぎ景気」の際、始点を一とすると三倍ほどに伸びたが、アベノミクスでは一倍を少し超える程度にとどまった。日本の企業は、みずからを成長させる道筋を、いまなお見いだせていない。

その状況下で、何と言っても深刻なのは、松尾氏も言及する実質賃金の低下である。確かに、物価の上昇が実質賃金を低下させたという側面はある。しかし、かつての日本資本主義は、物価が上昇しても、それを上回る賃金の増加を労働者に約束することができた。ところが、投資を抑制し、技術革新も放棄した現在の日本の大企業は、もはやそういう行動をとることもできなくなっているのである。

生み出された付加価値（GDP）のうち、賃金として分配される部分の割合のことを「相対賃金」と呼ぶが、アベノミクスが進められたほとんどの期間で、対前年度比でマイナスを記録している。相対賃金は、そのまま実質賃金の低下を意味するものではないが、少なくともこの間、景気の良し悪しや成長率の高低にかかわらず、労働者に分配される付加価値の割合は一貫して縮小してきたということである。企業の行動がそこに向かっているということだ。

投資の抑制は雇用の縮小も生みだした。アベノミクスで雇用が拡大したと言われるが、日本の正規雇用者は、アベノミクスで多少の増加があったのは事実である。しかし、新自由主義経済政策が開始された九〇年代後半をピークとして減少に転じた大きな傾向からは、まだ脱するに至っていない。一方、非正規雇用者の割合は九〇年台後半から拡大を続け、現在では雇用者の四割程度を占めるまでになっている。雇用者の総数がアベノミクスで増えているので、総所得は増えているのだが、一人あたりの所得が増えているわけではない。

こうして日本経済に深刻な現状が進行しているにもかかわらず、安倍氏は、在任中に二度も消費税の引き上げを行った唯一の首相となった。アベノミクスを開始したということは、従来型のやり方では問題を解決できないという認識があったはずなのに、現実の政権運営においては従来型を脱することができなかったのである。

▽資本主義原理の枠内だから本質は変わらない

新型コロナの問題を通じて、日本社会は、九〇年代以来の新自由主義政策がもたらしたものの重大さに気づいた。それは大事なことであって、この政策の転換のために努力することが切実に求められる。

しかし、新自由主義の政策が世界の少なくない国々で広がったのは、それ以前のケインズ型の政策が行き詰まった結果である。ケインズ政策に加えて新自由主義政策も破綻したというのが、現在の適切な見方であろう。

であるならば、新自由主義からの転換が、従来型のケインズ政策への回帰にとどまっていけないことは明らかである。破綻したやり方を踏襲しても先は見えてこない。

いま求められているのは、資本主義の原理がむき出しになった新自由主義でもなければ、その原理の枠内で所得の再分配をめざすケインズ主義でもない。資本主義の原理そのものにメスを入れるような抜本的な転換ではないのか。それが資本主義の枠内でできるのか、資本主義の枠からはみ出すものかは別にして、そのような政策がつくられない限り、日本経済の先行きは暗いと言わざるを得ない。

4、失敗を覆い隠した「やってる感」の演出

いまから振り返ってみると、安倍氏は、アベノミクスのもとでも日本経済はうまく行かないことを自覚していたのかもしれないと感じることがある。安倍氏が掲げた政策には、みずからの弱点を覆い隠すようなものが含まれていたが、それが弱点だと自覚していないとできなかったことだからである。

たとえば安倍氏は、春闘では経団連を訪ね、ベースアップを実現するよう要請した。アベノミクスによって企業が成長軌道に乗り、賃金を引き上げることはないだろうと思っていたから、よく言われる「やってる感」をこれで演出したのだろう。

あるいは「働き方改革」。今年四月から施行された「働き方改革」関連法は、いわゆる高度プロフェッショナル制度で労働時間の上限を撤廃するなど問題の多いものであったが、一般の職場での長時間労働に対する世論の目を厳しくすることにはつながっており、それなりに効果が上

がっているように見える。景気が低迷して残業どころではないという現状の裏返しでもあるのだが、賃金では成果を挙げようがないので、せめてこの分野だけはという安倍氏の意気込みのあらわれと言えないこともない。

さらには「同一賃金同一労働」。これも「働き方改革」関連法の一部である。正規労働者と非正規労働者の待遇に差別があってはならないという法律に盛られた考え方は、どこまで実効性があるかは今後の実践を見るしかないが、基本的に正しい方向性に立っている。ただし、企業による非正規労働の拡大に歯止めをかけることができないので、その弥縫策という面も持っている。

加えて「女性活躍社会」。「女性活躍推進法」も、内容面での不十分点はあるが、パートも含めて一〇一人以上を雇用している会社は、女性の採用や男性との賃金格差の是正などについて行動計画の策定を求められるのだから（三〇一人以上の職場では義務化）、意味のあることである。

これらを列挙してみて分かることは、安倍内閣にはリアリズムがあったということだ。そこには二つの意味があって、一つは、夫婦別姓や皇室制度など右派的なイデオロギーがからむ問題には消極的だが、対象者に実利をもたらすような分野では前向きだったということである。もう一つは、すでに述べたこととも関係するが、自分の弱点をよく知っていて、それを何とかカバーすることで、リベラル・左派にもウィングを広げようとしたということである。

これは「やってる感」の演出と批判されるが、どんな政権であれ、長持ちさせようとすれば必要なことではある。次に政権をめざす勢力も大いに学ぶべきであろう。野党のままなら独自の主張をしていればいいのだが、政権を担うということは、自党の支持者だけではなく、国民全体のために活動するということである。安倍氏はときとしてイデオロギーが前面に出て、「あんな人たちに負けるわけにはいかない」と国民を敵と味方に分けることがあったが、国民を代表する総理大臣がそれではいけないのだ。野党が政権に就いたとしても、歴史認識の問題をきっかけにして形成された広大な右派層を敵に回しては、安定した政権を運営はできないのだから。

第三章

野党共闘が政権の選択肢になる条件

立憲民主党が国民民主党の多くの議員や無所属の議員と合流し、新たな党がスタートした際、枝野幸男代表は会見で、「政権の選択肢を示したい」と述べた。これに対して、「政権交代を実現するのではなかったのか」「選択肢を示す程度か」という揶揄も寄せられたが、気にする必要はない。現実からかけ離れた大言壮語は、かえって嫌われることがある。

野党の支持率が一向に浮上しないことに見られるように、野党の現状は政権をとるにはまだまだ未熟である。世論的には野党のていたらくへの批判が強いであろう。しかし、自民党が一党支配を維持できなくなった九〇年代から、どうやったら野党が政権をとれるのか、野党の連合政権はどうしたら可能になるのかという問題について、私はそれなりに心を砕いてきたのだが、そういう長い目で見れば、「よくぞ、ここまで来たな」という感慨がある。野党の可能性が上向き、成長途上ではあるのだが、成長してきたとは言える。

では、それがさらに成長し、野党共闘が国民の視点で政権を選ぶ選択肢になる条件はどこにあるのか。本書の最後にその問題を論じたい。

1、民主党政権の失敗を成功に変える覚悟が不可欠

▽「失敗したから成功できるんです」は秀逸だが

安倍氏の「悪夢のような民主党政権」というフレーズが、とくに大きな批判もないまま通用したように、少なくない国民は民主党政権時代を否定的に捉えている。したがって、野党が政権をとる上では、民主党政権時代をどう総括するのか、国民に納得できる説明が不可欠である。とりわけ、新党には「新しさ」が見えない。失敗したときと同じ顔ぶれで大丈夫かという不安が国民から寄せられるのは避けがたい。

立憲民主党の枝野代表は、新党スタート後のテレビ朝日のインタビューで、民主党政権の失敗にふれて、そこから学んでいくことを強調した。関連部分は以下の通りである。

「あの時、何が一番足りなかったかといえば、経験値でした。経験がなかったので、政権

を取ったら、あれもできる、これもできる、あっちもできると、本当にやろうと思っていたし、できると思っていました。しかし、実は政権を運営すると国会対策で野党・自民党と戦わなきゃならないし、それから行政を動かすにも一定の時間がかかったりします。そういったことは政権を担当したので、私自身も様々なことを学びました。二回目だから、あの時の経験があるから、あの時の記憶が有権者にも残っているし、あの時の当事者が国会でやっているからこそ、あの時の同じ失敗はしません。安倍総理も、第一次政権の時は失敗しました。その経験を教訓にして第二次政権は、進んだ方向は間違いだと思いますが、政権運営という意味では大成功しました。やはり経験というのは力です。私はあの時、本当に官房長官など貴重な経験をさせて頂いた。だからこそ、私が先頭に立って、あの時経験したからこそ同じ失敗はしない。それを実践していかなければならないと思っています」（二〇二〇年九月一〇日）

一回目で失敗したから二回目は大丈夫というのは、失敗の教訓が確かなものであれば、それなりに説得力を持つ。安倍政権との比較も適切である。「失敗したから成功できるんです」はコピーとしても秀逸だ。しかし、失敗から導き出した教訓が不確かなものなら、国民から見放される。

その点で心配なのは、枝野氏が政権の失敗の原因として、かつての民主党政権内の不団結を挙げることだ。議論して決定したのにあとで異論を差し挟む人がいるなどのことだ。

実際、民主党政権においては、人によって言うことが食い違い、バラバラ感は否めなかった。しかし、政党というのは、とりわけ政権政党というのは、いろいろな意見の違いが闘わされていることが、魅力の一部を構成する。枝野氏自身、安倍政権に対してモノトーンだ、昔の自民党は違ったなどの批判を浴びせていたはずである。ここに失敗の原因を求めていくと、モノトーンと批判した第二次安倍政権のまねをするのが正しいということになりかねない。

∇民主党政権には政治を変える覚悟がなかった

民主党政権の失敗の根本的な原因は、枝野氏が先のインタビューで「行政を動かすにも一定の時間がかかったりします」と語っているように、政治を動かすという問題への未成熟にあった。いや、それよりも、覚悟のなさにあったと感じる。

行政というのは何十年もの積み重ねがあって行われている。とりわけ日本では、自民党政治がずっと続いてきたが故に、行政も同じ方向性で続いてきた。アメリカの場合、共和党から民主党への変化という程度でも、政権交代が起きると、政治任用の官僚が入れ替えになる。日本の場合も、同じ自民党政治の枠組みの中であっても何かやろうとすると、少しの変化が抵抗を呼び、大がかりな作業が必要となる。それを分かりやすく示したのが、小泉政権の郵政改革であった。

日本の郵便事業は、一八七一年に官営で発足して以来、一貫して公的な事業として運営されてきた。事業者も郵政省（昔は逓信省）にもそれが当然であり、そのシステムで飯を食い、政治家は利権にも預かってきた。だから、小泉氏が郵政民営化を言い出したときは、上の政治家や官僚から下の郵便局まで猛反発があり、とうてい実現できないと思われた。しかし小泉氏は、郵政民営化の意義を説き続け、反対する勢力には守旧派のレッテルを貼って時代遅れなものと描き、次第に世論の支持を広げていく。法案が参議院で否決されると、最後には総選挙も敢行して自民党内の反対派には刺客を立てて落選に追い込み、世論の喝采の中で公約を実現したのである。郵政民営化が正しかったかどうかは別にして、自民党のそれまでの政治を少しでも変えるというのは、それだけの覚悟が必要なのである。

ましてや、立憲民主党など野党がめざすのは、自民党政治の枠に収まらない改革であろう。もし、自民党の枠内のものであって、政治の中身は変えずに閣僚の顔ぶれだけを変えるというなら、国民からは期待されず、「それなら自民党に」となるだけのことである。そんなことは考えていないはずだ。

民主党政権は、率直に言って、抵抗を押し切って改革を進めるだけの覚悟がなかった。小泉氏ほどの覚悟もなかった。その象徴が鳩山友起夫氏の「普天間の県外移設」公約の迷走である。

安保条約にもとづく米軍の日本駐留が開始されて以来、アメリカは自国の軍事戦略上で必要とする場所に基地を置いてきたし、辺野古移設はそのアメリカの要望を叶えるものであった。日本もまた、自国の軍事戦略がアメリカの軍事戦略と一体であることを望み、アメリカの要望に応えてきた。それが五〇年、六〇年と続いてきたのである。だから、普天間基地一つとはいえ、既定の路線を変えることは、アメリカと日本の官僚の激しい抵抗に遭うことは見えていたのだ。

ところが鳩山氏は、それなりに努力したことは認めるが、抑止力を盾にした外務官僚の抵抗が始まると、すぐに弱気になる。もともと覚悟のなかった大臣や党幹部は、ただちに反旗を翻すようになる。元防衛官僚だった柳澤協二氏などが、抑止力の観点からも沖縄に海兵隊が駐留する必要性はないと外からエールを送っても、耳を貸そうとするものはいなかった。国民に対する公約に対して多少でも真剣さがあるなら、抑止力に何の疑問も持たない過去の防衛政策をどうすべきか、それこそ国民に見えるように議論すべきであったのだ。そして、それで党内がバラバラになるならば、小泉氏がやったように、官僚に賛成派をつくり、党内の反対派を孤立させ、世論を高めて公約を実現する方向もあった。しかし、そんなことはまったく考えもしなかったようであった。

政治を変えることは簡単ではない。たとえ総選挙で与野党逆転を実現しても、次の参議院選挙でも勝利しなければ、国会で法案を通せない状況が続き、すぐに政治は変わらない。そういうことも見越した覚悟が野党にあるかが、まず前提として問われているのである。

2、野党共闘は成長途上——国会共闘、政策共闘、政権共闘

九〇年代初頭に自民党一党支配の時代が終焉を迎え、どの政治勢力にとっても、連立をどう考えるかが現実のものとなってくる。当時は、自民党政治に替わって細川政権が生まれたが、細川政権は非自民であると同時に非共産でもあった。その後も、国会では「共産党を除く」運営が常態化し、連立政権といってもその対象として共産党を想定する政党は皆無という状況であった。

ところがその時代に、共産党そのものは、自民党政治に対して野党が共闘を組み、ゆくゆくは政権をめざす考え方を明らかにする。不破哲三委員長（当時）が「赤旗」のインタビューに答えたもので（九八年八月二五日）、「日本共産党の政権論について」というタイトルが付いたものだ。

このインタビューは、他の党からは相手にされなかった。しかし、それでもこれを公表したのは、「まだ、目の前で野党の連合政権が現実の問題になるという状況ではないのだが、近い将来の解散・総選挙を想定すると、自民党から野党への政権交代を、かなり大きい確度で考えざるをえないほ

ど、自民党政治が破たんしている」からだと不破氏は述べている。それから二〇年を経て、野党共闘と言えば共産党を含むものだということが常識となり、逆に「共産党を除く」時代があったことすら知らない世代が生まれている現実を見ると、この内容には耳を傾けるべきものがあると感じる。その内容を踏まえながら、野党の共闘はどこまで到達しているのかを考えたい。

▽国会共闘はドライな共闘

不破氏はここで、共闘を三つのレベルに整理している。国会共闘、政策共闘、政権共闘の三つである。

国会共闘とは、読んで字の如く、国会における共闘のことである。国会の様子がテレビに映し出されることがあるが、与党第一党、野党第一党の国会対策委員長が会談したのち、野党各党が参加する国対委員長会談が開かれたりする。与党主導の国会運営に対して、議員総数は少ないとはいえ野党がまとまることによって、何らかのことを実現しようとするわけである。以前は、そういう場からも共産党は除かれていたわけだから、現在の状況を見ると隔世の感がある。

このレベルでの共闘は、政党間の政策の一致を必要としない。たとえば、先ほど論じた小泉氏の郵政民営化法案には、当時の民主党も共産党も反対して連携していたが、民主党の立場は郵貯・簡保の徹底的な縮小と郵便事業への民間事業者参入促進であったのに対し、共産党は当時の郵政事業を維持、発展させる立場であった。政策は正反対でも一致できるのが国会共闘である。

それだけではない。非自民の細川政権が誕生し、佐川急便から細川氏が一億円を受け取った疑惑が浮上した際、野党に転落していた自民党の加藤幹事長と共産党の志位委員長は、細川政権打倒のために共闘を組んだこともある。

その点で国会共闘は、政策や立場が天と地ほど違っても可能であり、共闘したからといって必ずしも政策共闘や政権共闘に発展するものではない。いわばドライな共闘である。ただ、共闘のための協議を通じて、お互いのことをよく知ることになる場合もあるだろう。それも意味のあることだ。

▽政策共闘・政権共闘と政策の違いへの対応

一方、政策共闘と政権共闘は密接な関係にある。政権共闘の前提が政策の一致だから、当然のことではある。

不破氏はこれを別の角度から二つに整理している。一つは、政権の根本的な転換につながる政策を掲げた政権共闘であり、もう一つは、そこまではつながらないが国民の切実な要望にもとづく限定的な政策課題を掲げた政権共闘である。

前者は要するに、共産主義の前の段階で共産党がめざす社会をつくりだすような共闘であるが、後者がどういうものか、にわかには想像できないのではないか。不破氏は、七〇年代に田中内閣が金権問題で危機的な状態に陥った際、小選挙区制粉砕、ロッキード疑惑の究明、国民生活擁護の三課題で「よりまし政権」をつくろうと呼びかけたこと、八〇年代末にも、消費税廃止、企業献金禁止、コメの輸入自由化阻止の政策課題で「暫定連合政権」を提唱したことを挙げている。

後者の場合、共闘を組む政党間には、国民の切実な要求に応えるという一致点はあるが、国の安全保障をどうするかを含めて、基本的な政策で一致しないことが想定される。というよりも、それが前提である。では、そういう問題にはどう対処するのか。不破氏はこれを、「安保条約などの問題での立場や見解の相違は留保」することで対処すると述べている。具体的には次のようにするのである。

（イ）現在成立している条約と法律の範囲内で対応する
（ロ）現状からの改悪はやらない

（ハ）政権として廃棄をめざす措置をとらない

なお、政策が一致するからといって、ただちに政権共闘ができるわけではない。政策を超えた「理念」の違いのようなものもあるし、対立した過去に起因する問題などもある。だから不破氏は、「政策共闘は、政権連合への足ならしとしても、意義が大きいと思います」として、次のように述べていた。

「政策共闘を積み重ねることは、この共闘の論理を政党間で血肉にしてゆくことにも役立つでしょう。また、一致点での共同という問題に、たがいに誠実に対応しあう経験を通じて、政党間の信頼関係をきずくことにも通じるでしょう。また、この党とのあいだではこういう種類の政策問題ではここまで共闘が可能だといった判断をおたがいにもって、いわば政策面での政治地図をたがいに見定めることにも役立つでしょう。

こういう経験をへてこそ、政権共闘が問題になる段階での議論の足場もしっかり定まってくると思います」

▽新安保法制反対闘争が野党の共闘を生みだした

不破氏のこのような言明にもかかわらず、それ以降もかなり長い間、野党の政策共闘は進まなかった。一つには、民主党が前半期には単独で政権を獲得するだけの実力をつけたこと、政権を降りた後は展望を持てないまま迷走してきたということもある。もう一つには、こうした共闘を提唱した共産党自身が独自路線を進み、政策共闘、政権共闘に熱心でなかったことも挙げられる。

そこに転換点が訪れたのが、二〇一五年、集団的自衛権の一部行使を可能にする新安保法制をめぐってであった。集団的自衛権は、戦後一貫して現行憲法のもとでは行使できないとされ、自民党政治もその枠内で遂行されていたのが、一八〇度逆転したのである。それに反対して野党が一致して国会共闘で闘ったが、この課題が日本政治の根幹にかかわるものであったが故に、野党が大事な政策で一致しているということを自覚させ、政権を誰がどう担うかという課題を急浮上させたのである。共産党の志位委員長が、新安保法制の廃止を一致点とした野党の連合政権を提唱したのは時宜を得たものであったし、世論からの反響も少なくなかった。

それ以降、野党の間では、国会で政府の提出法案に対して共同で対案を出したり、共同で政府からの説明を受けて追及したり、共同の政策をつくったりするなど、大きな変化が生まれる。それらを通じて、お互いをよく理解し合い、信頼関係も生まれたであろう。何が一致して何が一致しないかの問題点も明らかになったはずである。

それが現在の到達点である。どんなに遅くても次の総選挙が一年以内に実施されるという状況下で、この野党共闘がどういう方向に発展するのか、当事者ではない私には分からないことも多い。ただ、外から世論と同じ目線で野党を見ていて、「これが大事ではないか」と感じることもあるので、ここで率直に述べておきたい。

3、「バラバラ」を「多様性の統一」に変える防衛政策

現在の野党共闘は、二〇一五年の新安保法制に反対する闘いの中でつくられた。だから、共闘に参加する野党にとって、集団的自衛権の一部行使容認の閣議決定とそれを担保した新安保法制の廃止は共通の課題だし、政権を担うようになった場合も優先課題となるであろう。

しかし、それらの廃止だけで一致するというのでは、実際には防衛政策にならない。日本が武力攻撃を受けた際にどう対応するかというのが、防衛政策の根幹であり、そこに解答がなければ野党共闘が国民の信頼を得ることもない。どんな防衛政策が求められるのか、野党は防衛政策で一致できるのかを検討する。

▽新しい立憲民主党の防衛政策の特徴

新しく結党された立憲民主党は、その綱領において、「国際協調と専守防衛を貫き、現実的な安全保障や外交政策を推進」すること、「健全な日米同盟を軸に、アジア太平洋地域とりわけ近隣諸国をはじめとする世界の国々との連携を強化」することをうたっている。「核兵器廃絶をめざす」ことも強調している。

「専守防衛」「健全な日米同盟」「核廃棄廃絶」の三つの言葉は自民党も使っている。ただ、以下の点は異なる。

専守防衛というのは、本来、自衛隊の役割を他国から武力攻撃を受けた際の防衛に限定するもので、だからこそ他国が攻撃を受けた際に発動される集団的自衛権の行使はできないというものであった。自民党の専守防衛は、集団的自衛権の行使も含む概念であり、そこに決定的な違いがある。立憲民主党の専守防衛は、いわば二〇一五年以前の防衛政策に戻ろうというものかもしれず、それでいいのかという検討はあとで行うが、それだけでも意味があることは明らかである。

核兵器廃絶の問題では、その現代的課題である核兵器禁止条約の問題で、自民党と立憲民主党にはそれなりの違いがある。一方の自民党は、核兵器禁止の目標は共有しているとしつつ、条約を批准して参加することは拒否している。他方の立憲民主党は、今年八月五日に広島で開かれたイベントで、枝野代表が「核兵器禁止条約に参加するための具体的ロードマップを描く」として、次のように述べている（旧立憲民主党ホームページより）。

「米国との同盟関係を維持しながら核兵器禁止条約に参加するための具体的ロードマップを描く必要があるとの考えを示しました。

その上で、「まずは何よりも、どのような条件が整えば批准に向かうことができるのか。国会の中で、与野党が胸襟を開き、真摯に話し合うべき。ここに集う私たちこそ、政治的な立場を乗り越え、核のない世界へ向けた一歩を踏み出すため、協力し合うことを提案する」と述べました。

ＮＡＴＯ加盟国のオランダや米国の同盟国であるオーストラリアの労働党を例に「米国との同盟関係を尊重しつつ、核兵器禁止条約へ参加することを、矛盾せずに解決する道は、決して閉ざされてないと確信している……」と訴えました」

条約に参加しないという自民党に比べ、前向きであることは確かである。ただ、立憲民主党のこの立場は、このままでは普天間基地の県外移設から辺野古に回帰したのと同じ問題を引き起こす可能性をはらんでおり、抜本的な議論が必要となる。

▽抑止力依存と核兵器禁止条約の対立が生みだすもの

枝野氏が、「米国との同盟関係を維持しながら核兵器禁止条約に参加する」とか、その両者を「矛盾せずに解決する道」に言及しているのは、現在の立憲民主党の本質的な矛盾を象徴している。それは、鳩山時代から変わらない。

立憲民主党は、集団的自衛権を否認する立場は堅持している。しかし、それだけでは、二〇一五年以前の自民党の専守防衛政策に戻るだけである。そして、その当時の自民党の防衛政策とは、現在と同様、まさにアメリカの抑止力、核抑止力に依存するというものであった。

他方、立憲民主党は、国民感情を重視する立場からも、自民党のように核兵器禁止条約に冷淡ではいられない。ところが核兵器禁止条約とは、その成立過程でも明白なように、核抑止力を否定する思想の上に成立したのである。

こうして立憲民主党が、一方でアメリカの抑止力に頼ることを防衛政策の基本として維持しようとしていることと、他方で核抑止力の否定の上に作成された核兵器禁止条約に参加することとは、本質的に対立しているのである。だから、枝野氏のようなものの言い方になってしまう。

鳩山氏のかつての失敗も構図は同じであった。アメリカの抑止力に頼るという防衛政策は維持したいが、沖縄県民の悲願である普天間基地の県外移設に冷淡な態度をとりたくない。その両者の板挟みのなかで、結局はアメリカを重視し、沖縄を切り捨てたのが民主党政権であった。立憲民主党がこの矛盾、対立を徹底した議論の上に克服しないと、結局は同じことがくり返される。いや、鳩山氏の単純明快な「県外移設」公約と比べ、枝野氏が条約への即時参加を明言せず、「条件を整える」とあいまいに述べているのは、条約に参加できなくても「条件が整わなかった」として言い訳する道筋を残しているからではないか。それが鳩山政権の失敗からくみ取った教訓なのだとすれば、とても悲しい。

この問題が浮き彫りにしているのは、「抑止力」というものに一〇〇％依存するという立場を堅持している限り、国民の大事な願いが叶えられないということである。二〇一五年以前の自民党の防衛政策に後戻りするというだけでも意味のあることだとは思うが、政権奪取を窺うこの機会に、どうせなら抑止力問題を徹底的に深め、専守防衛政策に新たな魂を吹き込んではどうだろうか。

▽核抑止抜きの専守防衛を提唱する

抑止力の問題をめぐって先駆的な提言を続けてきたのが、前述した元防衛官僚の柳澤協二氏であった。現在も、立憲民主党を含め古い型の防衛専門家は、抑止万能に囚われている人が多いのだが、柳澤氏の提言は深いところで影響力を広げている。

最近刊行された『辺野古に替わる豊かな選択肢』の中には、柳澤氏と元防衛庁長官・自民党幹事長だった山崎拓氏の対談が載せられている。そこで山崎氏は、鳩山政権時の柳澤氏の提言にふれながら、「基地ならびに米軍の存在がわが国の安全保障上の抑止力であるという解釈が常識でそういう説明を何の疑問もなくやってきた。そういう抑止力論に対して、果たしてそうかと異を唱えたのが柳澤さんでした」、「それに疑問を呈されたということは、すごく大きな一石を投じられたわけですよ。それは安保条約見直しにつながる重要な提起です」と述べている。あるいは、同じく自民党幹事長だった石破茂氏も、最近、柳澤氏を代表とする「自衛隊を活かす会」編で刊行された『抑止力神話の先へ――安全保障の大前提を疑う』をブログで取り上げ、「抑止力についての頭を整理するのにとても役立ちます」と論評している。

冷戦崩壊によって、日米安保で日本が守られるという構図が崩れたことを第一章で、安倍氏は他の保守政治家と異なり、それをふまえた安全保障政策を進めてきたことを第二章で述べてきた。

安全保障の専門家なら、誰もが冷戦後の新しい時代の防衛政策を模索しなければならない。防衛族として名を馳せてきた山崎氏や石破氏も、だからこそ柳澤氏の提言に注目しているのであろう。それなのに、自民党政権に替わって政権を担おうとする立憲民主党が、そして他の野党が、かつての自民党の防衛政策と同じというのでいいのだろうか。

「自衛隊を活かす会」は、この数年間、日本の防衛や国際貢献のあり方などについて、元自衛隊幹部や国際政治の専門家などを交え、多くのシンポジウムを開催し、各種の提言を発表してきた。先ほど紹介した『抑止力神話の先へ』では、抑止力の問題にしぼった最新の提言も掲載されている。そこでは、これまでの日本の防衛政策について、以下のように捉えている。

「これまで日本は、力不足を力で補おうとしてきました。その場合の選択肢は、アメリカの力(抑止力)に依存するか、中国に依存するか、自前の核武装をするかという三択しかなく、答えはアメリカ以外にありませんでした」

この提言では、これまでの三択に替わる選択肢として、いわば核抑止抜きの専守防衛を打ち出している。柳澤氏の考えに対して、山崎氏が「安保条約見直しにつながる重要な提起」と捉えたのは、そういう意味あいを含むからだろう。自民党の防衛族が注目しているのに野党が軽視していては、防衛政策はいつまで経っても自民党頼みになってしまう。安倍氏も冷戦後の変化に保守なりに対応したのに、野党が漫然としているのでは情けない。その現状の打破が求められる。

枝野氏の発言では、NATO加盟国でも核兵器禁止条約参加の模索が続くオランダの名前があがっているが、オランダを俟つまでもなく、核兵器に対する自国の態度を優先させたアメリカの同盟国は存在する。ニュージーランドはかつてアメリカと軍事同盟を結んでいたが、非核政策を採用することによって、アメリカの艦船に対して非核証明書の提出を義務づけたことがあった。その結果、軍事同盟は停止状態に陥るのであるが、それでも構わないとする国民の意思があれば、政策の転換は可能なのである。政権交代というからには、その程度の変化は必須であると感じる。

▽共産党は専守防衛に党として賛成できるのか

そういう変化が起こるとして、それでも共産党は、その種の防衛政策に賛成できないのだろうか。果たしてそれで、共産党が望む政権入りを果たせるのだろうか。

今年三月、共産党の志位委員長は、「野党連合政権にのぞむ日本共産党の基本的立場―政治的相違点にどう対応するか」とする文書を公表した。それを持って野党各党をまわり、協議したという。

共産党は専守防衛に賛成しているのか、それとも反対しているのか。その評価は難しい。この文書によれば、共産党が「他の野党とは異なる独自の政治的・政策的立場をもって」いることを認めつつ、「それを野党連合政権に持ち込んだり、押し付けたりすることはしません」と明確に述べている。そして、共産党も含む連立政権は、「自衛隊の存在は合憲だが、集団的自衛権行使は憲法違反という憲法解釈」をとるとしている。つまり、政権に入った場合、少なくとも個別的自衛権の行使は認めるということだ。専守防衛を支持するということだ。

では、この問題での共産党の「独自の政治的・政策的立場」とは何なのか。連立政権だから専守防衛は認めるが、共産党自身は専守防衛を認めないのか。そう、認めないのである。

この文書にあるように、共産党の基本的立場は、「九条の完全実施」すなわち自衛隊の解消なのである。この文書では、そうはいっても自衛隊の解消は、「国民の圧倒的多数が自衛隊がなくても日本の平和と安全を守ることができると考えるようになる段階」とされているから、連立政権に参加するかどうかにかかわらず、共産党自体が、現段階では「自衛隊がなくても日本の平和と安全を守ること」はできないと考えているように見えなくはない。しかし、この文章をよく見れば分かるように、ここで自衛隊がなくても守れるとか守れないとかを判断する主体として挙げられているのは「国民の圧倒的多数」であって、共産党そのものではない。共産党そのものは、「自衛隊がなくても日本の平和と安全を守ること」ができると考えているのだが、国民がそういう考えに到達していないので、それまでの間は自衛隊の存続を認めるという意味である。

ということは、連立政権においては、確かに専守防衛の範囲で防衛政策が運用されることになるのであろう。しかし、立憲民主党の大臣はそれを必要なことで合憲と考えているが、共産党の大臣は本音では不要なことだと考えつつ、連立政権の合意にしたがって本音を出さないで政権に参加するということになる。

▽共産党の対応と閣内・閣外問題

もちろん、いろいろな政策分野があり、同じ党内にあってさえ、考え方の違いが存在することは普通のことである。ましてや、政策の異なる政党が連立を組むわけだから、違いを脇において協力し合うことになるのも当然である。

しかし、ことは日本の防衛という、国のあり方の基本にかかわる問題である。そこが百八十度違っていて、何年間も連立を維持し、成果を上げることができるのだろうか。

前述の九八年に公表された不破氏の連立政権論は、そこがまだ何とかなるという想定だった。連立を組むと言っても、せいぜい三つ程度の課題で一致する政権である。だから「よりまし政権」とか「暫定政権」と名づけられた。一致する限定的な課題を達成すれば、防衛問題で不和が拡大しないうちに総選挙を実施し、次の政権枠組みを模索するという説明があり得たのだ。けれども、いま模索している連立政権は、「よりまし政権」とか「暫定政権」というものなのだろうか。安保条約の廃棄をしないわけだから共産党がめざす社会をつくる本格的な政権でないことは明白であるが、少なくとも連立の相手に対して、この政権を「よりまし政権」とか「暫定政権」とは言えないだろう。それだけではなく、共産党自身も、野党との間で政策的な一致点を拡大するために努力しており、これまでの自民党政治を変えるためのそれなりに本格的な政権にしたいと考えているのではないだろうか。

要するに、九八年の連立政権論では想定されなかった事態への対処が求められているのだ。従来型ではない思考方法が共産党には求められる。

そのために大事なことの一つは、自衛隊や専守防衛に対する考え方を発展させることである。簡単なことである。先ほどの志位氏の文書の中に、将来、「国民の圧倒的多数が自衛隊がなくても日本の平和と安全を守ることができると考えるようになる段階」で自衛隊を解消するとあるが、現在については、国民が自衛隊を必要と考えている段階であるというだけでなく、共産党も国民と同じく専守防衛の自衛隊が必要だと考えている段階だという考え方を明確にすればいいのである。国民が自衛隊について考えていることを、そのまま共産党が受け入れればいいのである。将来、自衛隊を解消するという点では野党との間に深刻な意見の違いがあるが、現段階では野党と基本的に同じだとすればいいのである。そのように考えれば、連立政権をつくることも、共産党が閣内に入ることも可能になる。

しかしもし、共産党が現在のように、専守防衛の政策は間違いでその任務に就く自衛隊も本当は不要だという立場のまま閣内に入ったとして、もし志位氏が防衛大臣になったらどうなるのだろうか。共産党は現在、政権では独自の考え方を持ち込まないとしつつ、共産党としては安保や自衛隊に関する独自の立場を貫くとしている。そのやり方により、かつての社会党の誤りをくり返さないとしている。そして現在、「赤旗」などでは安保や自衛隊を一言も評価することはせず、ただただ批判の言葉を投げかけるだけだ。

ということは、共産党が閣内に入って志位氏が防衛大臣になれば、志位氏が専守防衛に励む自衛隊を激励しているときに、「赤旗」が自衛隊とそれを激励する志位氏を徹底批判し、自衛隊の解消を主張することになる。そんなことが現実味のないことは論証さえ不要なことだ。共産党独自の立場と政権としての立場を、そう簡単に分離することなどできないのだ。

それとも共産党は、防衛大臣にだけはならないのだろうか。その程度の覚悟なら、潔く閣外で協力するほうがいい。

防衛政策をめぐって野党の間では違いというより「バラバラ感」があって、なかなか国民が安心できない。しかし、こうやって堂々と議論を重ね、防衛政策でも一致する部分を増やしていけば、「多様性の中の統一」として歓迎されることになると考える。

4、支え合う社会の経済政策とは

安倍氏が長期政権を維持した最大の理由は経済政策がそれなりに効果を上げたように見えたことにあった。民主党政権時代の経済データをあれこれ並べ立て、「悪夢のような民主党政権時代」を思い起こさせることが、安倍氏の強みにつながった。

ただし、民主党政権も安倍政権も、同じ新自由主義の枠内の政策を遂行した。無邪気に遂行したか、多少の修正が必要だという自覚があったか程度の違いしかない。

現在進んでいる野党の共闘は、そこに大きな変化をもたらし、自民党政権の対抗軸を打ち出す可能性があるところに特徴がある。とはいえ、本当の対抗軸になるには、この分野でも覚悟が必要とされるのではないだろうか。

▽自助と自己責任か消費減税と支え合いか

野党の中でずっと一致しなかったのが消費税減税への態度であった。減税を求めてきた野党は、れいわ新撰組、共産党、国民民主党など税率をどうするかとか、恒久的か一時的かの違いはあったが、減税自体は野党の主流であった。それこそ、実際にその場になって賛成するかどうかは不明だが、維新の会も賛成はしている。

これに対して立憲民主党が消極的だったわけだが、新しい政党の設立をきっかけに、そこに変化が生まれた。代表選挙で対立候補だった泉健太氏が五％への減税を主張したが、代表戦後、枝野氏も減税を主張するようになる。たとえ総選挙で減税勢力が過半数を占めても、自民党が多数を占める参議院での可決を見越せば、その賛成が必要となるとして、まだ税率を決めているわけではないが、コロナ禍のもとでは時限的に「ゼロ」も選択肢とする。

一方の自民党は、菅総理大臣が消費税減税はしないことを明確にしている。それどころか引き上げを口にして対応に追われてしまった。この結果、次の総選挙では、消費税の減税か現行のまま維持するかが大きな争点となることは確実である。

立憲民主党の変化は消費税の問題だけではない。医療や社会福祉など国民生活にかかわる分野でも、給付を増やす政策を打ち出してくるようだ。共産党やれいわとの一致点は広がるし、時限的ということでは他の野党とも協力し合うことが可能になる。

これまで立憲民主党がこれらの政策に消極的であったのは、民主党政権時代に自民党とも合意した「税と社会保障の一体改革」の枠に縛られていたからである。社会保障の水準を維持するためには財源の確保が不可欠であり（財政規律の必要性）、その財源として消費税を上げていくという合意である。「責任政党」として合意は守るということだった。

枝野氏は、代表選挙の中で、「民進党までの綱領は、自己責任や自助を強調する新自由主義的な側面が残念ながら残っていた」と述べ、新自由主義を批判する立場を明確にした。「税と社会保障の一体改革」を生みだした新自由主義を克服し、「支え合う社会」を目標にすると述べたのである。

菅総理は、「自助、共助、公助」を打ち出しており、次の総選挙では、自己責任や自助なのか、それとも「支え合う社会」なのかが問われることになる。共産党も「支え合う社会」の実現をスローガンにしている。

▽財源問題に関する考え方

そのような構図の中で、与党が持ち出してくるのは、財源問題ということになる。当然のことだ。

しかし、そもそも与党には、財源問題を語る資格がない。アベノミクスというのは、財政規律を無視して国債を大増発し、国の赤字を増やす政策だったからだ。安倍政権の政策を継承することを掲げる与党が財政規律を語っても、何の説得力もないだろう。

しかも、このコロナ禍で、政府与党は国民全員への一律給付や中小企業への持続化給付金など、社会主義かと見まがうほどの政策を乱発している。現在は、そういう政策が求められる時代なのであって、消費税にだけは手を付けないということは、結局、国民の生活を困窮させ、ひいては国の存立を危うくするものに他ならない。

もちろん、財源問題への回答は必要である。そして、回答はある。

第一に、時限的な政策であるならば、これまでのアベノミクス同様、財源はあまり気にする必要はないということだ。というか、国民の暮らしを回復させ、企業の維持を継続できないと、税収が減り続けるばかりなのだから、財源確保のためにも減税が不可欠だということである。

第二に、財源を生み出すやり方の基本は、景気を良くして税収を増やすことだ。アベノミクスは、「経済成長なくして財政再建なし」をスローガンに掲げたが、それ自体は正しい。しかし、すでに見たようにアベノミクスのやり方では経済成長は二〇一八年で終わったし、企業の投資意欲を刺激して成長をはかるやり方はもう曲がり角に来ている。それならば、直接に国民のふところを暖めることによって経済成長をめざすという、これまでにない新しいやり方に挑戦すべきではないだろうか。

第三に、それでも財源が心配というなら、余力のある大企業や富裕層への課税拡大の余地が大きいことを指摘しなければならない。日本ではこの間、消費税の導入と値上げの度に、法人税率が下げられてきたことは周知の事実である。所得税の最高税率も下げられてきた。企業の成長は滞っているが、それでも企業の利潤率は拡大しているのだから、税率の引き上げは可能であろう。しかも、企業の投資意欲を回復できないアベノミクスのやり方では法人税収は増えていかないが、国民の消費を刺激するやり方は、企業の成長にも新たな場面を生み出すことが期待される。

なお、最近よく耳にするＭＭＴ（現代貨幣理論）の理論家は、このような財政規律を重視する緊縮政策に否定的だと言われる。しかし、日本における反緊縮政策の代表者である松尾匡氏も、次のように法人税の増税や所得税の累進課税を重視している（前掲書）。違うのは順序であって中身ではない。リベラル・左派は協力し合うべきだろう。

「法人税を増税します。所得税を累進強化します。それで、豊かな社会保障とか医療とか教育の充実とか、大学の無償化とか、いろいろやります。防災建設とかやります。それは法人税増税とか所得税の累進課税を強化してやります。政権をとってもそれ（増税のこと—引用者）を実現するまでに抵抗もあるでしょうから、時間がかかります。なので、高度な社会保障の充実という支出の方は、ただちに実現する。増税が実現できるまでの間は国債を発行して財源を賄います。……需要が拡大して景気が良くなります。それが上手くいって、今度はインフレが高くなっていって抑制すべきそのときに増税が実現することによって、景気に対して冷却効果がある。それでインフレが抑制できる」

▽資本主義を改革していく覚悟が必要だ

野党共闘で菅政権に立ち向かう限りでは、いま述べてきたことで足りると思われるが、この日本の経済社会を立て直そうとすれば、さらに研究を深め、実践を開始しなければならないことがある。立憲民主党や共産党の言う「支え合う社会」とは、どういう経済構造のもとで実現するのかということだ。

「支え合う社会」は、新自由主義の自己責任、自助を否定する社会だと言われる。それは理解できることである。では、「支え合う社会」とは、新自由主義導入以前の社会、一九七〇年代頃までの日本の社会に似通ったものなのだろうか。安全保障を論じた箇所で、集団的自衛権を否定することは、それ以前の自民党の政策に戻ることなのかと問うたが、同じような問いがこの問題でも生まれる。新自由主義とは、それまでの経済がうまくいかない段階になって、資本が生き残りのために編み出した考え方である。以前のやり方に戻るというだけでは、失敗した過去の再来であって、やがて破綻せざるを得ない。新しい経済社会像の構築が求められる所以である。

新自由主義を克服すると言っても、現在の資本主義社会が残ることに変わりはない。その資本主義社会とは、アダム・スミスの「見えざる手」に象徴されるように、個々の資本家が自分の利益の最大化のために努力すれば、「見えざる手」が働いて、経済成長も実現するし、社会全体の調和も達成するという考え方にもとづく社会である。新自由主義の考え方は、もともと資本主義の原理そのものの極端な拡張なのだ。したがって、新自由主義を徹底して批判し、克服していくということ、そして「支え合う社会」をつくるということは、資本主義の利潤最大化原理を改革していく努力なしに達成することはできない。

菅内閣が携帯料金の引き下げを求めているが、それが実現するとしたら、その根拠は電話事業の「公共性」ということになろう。コロナ禍で行われた国民への一律給付も、継続的に行うとすると、これまで考えられていた資本主義の原理とは異なる考え方である。「公共性」と資本主義の原理がせめぎ合う中で、どんな新しい原理が求められるのか。企業が利潤だけではなく国民の暮らし向上をも原理とするような経済社会とはあり得るのか、そのためにはどんな制度が必要なのかなどについても、本格的に議論することが求められる。そうでないと、すでに行き詰まりを見せる日本の経済社会の立て直しはできない。

▽「労組依存体質」を「強み」にする

さらにもう一つ言えば、よく指摘されているように、グローバル化した現在の世界において、一国の経済政策だけで国民の暮らしを向上させることはできない。グローバルにどんな政策を打ち出すのか、それを実施に移す制度はどうするのかを考えておかねばならない。

これまで、国際的な短期の通貨取引に課税するトービン課税などいろいろなアイデアが出され、現在も国際的な巨大独占体になったＧＡＦＡへの規制が議論されている。しかし、世界政府がない現状では、なかなか現実のものとなっていかない。

私が野党に提唱したいのは、せっかく労働組合に依拠しているのだから、その労働組合を活用すべきだということだ。労組依存体質は野党の弱みと捉えられているが、それを強みに変えるのである。

思い起こせば、資本主義の原理への挑戦であり、その原理を大きく変えることになった八時間労働制も、世界各国の労働運動の高まりを背景にして実現できた。「万国の労働者団結せよ」のスローガンで世界の労働者が起ち上がり、ロシア革命で実際に八時間労働制が実現したことをきっかけに、ＩＬＯ（国際労働機関）が結成され、一日八時間労働条約が採択されたのである。労働者代表も条約の採択に一票を投じるという画期的な制度とともにである。

現在、これだけ多国籍企業が広がり、異常な力を持って世界の経済を支配しているのに、労働運動からの反撃が見えない。アマゾンにせよアップルにせよ、世界各国に会社があり、労働者が働いている。そこの労働者からは、労働条件にまつわる話はときとして聞こえてくるが、労働者なのだから会社のあり方についても要求することができるはずである。

日本は会社を基礎にして労働組合ができているが、欧米では会社を超えて産業別に労働組合が組織されていることで、労働者に共通の労働条件が保障されるとともに、産業政策についてももものを言えるようになっている。世界中のアマゾンやアップルの労働者とも対話し、どんな状態に置かれているかをつかみ、本社に対して共通の労働条件を要求するとともに、会社が社会的責任を果たす上で何が必要か提言していくことが不可欠だと感じる。

連合や全労連にもそのための取り組みを期待したい。労働組合でなくては果たせない役割であり、よほど国民の利益につながるのではなかろうか。

5、韓国との関係をどうするのか

最後に、韓国との関係を野党がどうすべきかについて論じる。これまで野党間でいろいろな政策協議がされ、合意されたものがあるが、日韓関係にかかわる問題は存在しない。微妙な問題だから難しさもあるのだろう。

しかし、もしこの問題で何も共通のものが出せないとすると、これだけ韓国の主張を嫌う世論が幅を利かせるなかで、世論の支持を得られないだろう。日本の企業が資産を没収される時期が近づいているのだし、野党時代のように黙って済ませることはできない。かといって、韓国の主張をそのまま支持するというのでは、政権を獲得することなどおぼつかないし、政権をとったとしても長持ちはしない。そこで私が必要と考える政策提言をしておきたい。

▽二〇一五年の日韓慰安婦合意を活かす

まず慰安婦問題である。この問題では、二〇一五年、日韓政府間で結ばれた慰安婦問題での合意を活かす立場に立つべきである。

この合意はせっかく結ばれたのに、韓国側の運動団体（正義連、以前の挺対協）が「被害者が中心に据えられていない」と反発し、その支援で当選した文在寅大統領も同じ立場で対応するようになった。存命している七割以上の慰安婦は、合意にもとづいて設立された財団を通じて、日本の税金を原資とする資金を受け取ったが、韓国政府は、政府間の正式な合意なので破棄もしないし、再交渉も求めないが、日本側に「被害者中心」の対応を求めている。財団はすでに解散され、残る慰安婦に資金がわたる手段は閉ざされたままである。

しかし、何よりも、韓国側に事情の変更があった。ずっと運動を中心で担ってきた慰安婦が、自分たちを支援してきた運動団体が不正経理を重ねており、国民の募金なども慰安婦に十分にわたっていないことを告発したのである。また、「一〇億円が入ることは尹代表（運動団体の代表――引用者）しか知らなかった」として、日韓合意は知らない間に結ばれたとする運動団体の主張に疑問を投げかけた。運動団体の代表は国会議員であるが、不正経理をめぐって検察の捜査を受け起訴されている。その行方がどうなるかは分からないが、少なくとももはや、その運動団体だけが慰安婦を代表する資格があるとは言えないはずである。日韓合意を活かす好機が訪れているのだ。

しかも、立憲民主党や共産党は、かねてから慰安婦問題にかかわってきた。民主党の名前の時代には社民党も含めて慰安婦問題を解決する法案を国会に提出したこともある。それらの過程で、被害者である慰安婦とのかかわりもできており、自分たちは被害者中心の立場だと堂々と言えるだろう。

率直なことを言わせてもらえば、韓国側の反発の背景にあるのは、安倍氏個人への嫌悪感だと感じる。安倍氏は河野談話へのはげしい批判で知られているため、その安倍氏がせっかく河野談話を超えるような水準で日韓合意を締結したのに、それを素直に受け入れられない国民感情が韓国には存在する。きわめて残念なことではある。

だが、被害者とともに歩んできた政党が呼びかければ、「被害者中心ではない」という韓国側の感情も変わるはずである。野党を見渡すと、立憲民主党は民進党時代に岡田克也代表が、「（日韓合意は）両国政府が努力して履行しなければならない」（韓国記者団との懇談で）として、合意を支持する立場である。共産党は、「合意はあくまで問題解決の出発点」「すべての慰安婦被害者が人間としての尊厳を回復してこそ真の解決となる」と述べるが（第二七回大会決議）、合意自体を否定していない。

慰安婦問題は、野党が政権に就くことで、ようやく解決可能な局面を迎えるのだ。そのきっかけになったのが、安倍首相時代の日韓政府合意であったことに感謝しつつ、最終的に解決したのは野党だったという栄誉を手にすればいいではないか。

▽お互いに相手を批判する国民感情が高揚する場合の対処

徴用工問題の解決は、慰安婦問題よりずっと困難である。いくつもの困難性がある。

まず、野党間での意見の違いが大きい。韓国最高裁が日本の企業に慰藉料の支払いを求めたことに関して、立憲民主党は、枝野代表が韓国政府に対して「日韓請求権協定という重たい歴史があることもしっかりと踏まえた上で、解決策を導いていただきたい」と求めたように、日本政府と足並みをそろえる立場である。他方の共産党は、志位委員長が「原告が求めているのは、未払い賃金や補償金ではなく、朝鮮半島に対する日本の不法な植民地支配と侵略戦争の遂行に直結した日本企業の反人道的な不法行為――強制動員に対する慰謝料」とした上で、植民地支配は違法なのに日本政府がそれを認めなかったことが原因にあるとして、「公正な解決」を求めている。国民感情という問題もある。韓国で最高裁判決を支持する世論が多数を占めるのと同様、日本では韓国側の対応を批判する世論が圧倒的である。しかも今後、日本企業の資産が没収されるという事態になれば、お互いの国民世論はさらに硬化するだろう。もし日本で野党が総選挙で多数を占め、政権に就くことがあったとして、この問題で政権内部で対立し、方針が打ち出せないまま韓国最高裁の判決の実施が粛々と進むことになれば、政権がもたないほどの事態を迎える。日米安保や自衛隊、天皇制の問題では共産党が独自の立場を持ち込まないと明確にしているが、対韓関係の問題ではそういう態度をとっていないので、はげしく対立することさえ予想される。一方、そうやって問題がズルズルと長引けば、韓国の世論も硬化していき、戦後最悪と言われる日韓関係はさらに泥沼化することになる。

この種の問題には、そもそもどうアプローチすべきなのだろうか。深刻な二国間対立があり、それぞれの世論がそれぞれの政府を支持しているもとで、一方の国の政治勢力が相手国の主張をそのまま支持しているという構図がつくられると、その政治勢力は政治の世界で生きていけない。一見、誰よりも相手国を困惑させて追い込むような主張でありながら（自国の世論が喝采するような）、同時に、根本的な解決につながる主張ができれば、ことは収まっていく可能性がある。

徴用工問題はそのテストケースのようなものだ。

▽野党政権がとるべき対応の基本

まず、私の個人的な見解を述べる。私自身は、一方では、日本の朝鮮半島支配も含め、植民地支配というものは違法だったという立場に立つ。他方では、六五年の日韓請求権協定では徴用工問題への補償問題も議論された上で、日本側が五億ドルを支払い、かつ韓国政府もこれまで徴用工に補償金を支払ってきたのであり（以上のことは最高裁判決も認めている）、問題は解決済みという立場でもある。

日韓請求権協定は、日本の植民地支配が違法だという立場でつくられたものではない。交渉の過程で議論になったが合意できず、あいまいなまま決着した。だから、植民地支配の違法性と結びついた反人道的行為だから慰藉料をというのが韓国最高裁の論理なのだが、そもそも違法性を認めていない請求権協定のもとでは、この論理はなり立ち得ない。日本政府が国際法違反（請求権協定違反）だとはねつけるのは道理がある。

もし、韓国最高裁判決の論理が通用するとしたら、日本政府が植民地支配の違法性を認めるに至ったときだけである。しかし、日本政府はそう認めていないし、それどころかかつての宗主国で植民地支配の違法性を認めた国は世界に一つもないし、したがってそういう国際法も存在していない。二〇〇一年に南アフリカで開催されたダーバン会議において、アフリカ諸国は旧宗主国に対してかつての植民地支配の誤りを認めるよう求め、植民地主義が人類に悲劇的な惨状をもたらしたことは合意になったが、違法性は合意されなかった。

しかし一方で今年、アメリカで黒人が虐殺される事件が相次ぎ、「黒人の命も大切だ（BLACK LIVES MATTER）」の運動が広がる中で、世界各国で黒人奴隷制を生み出した植民地主義そのものに批判の目が向き出している。南アフリカで巨万の富を築いたセシル・ローズは、イギリス植民地主義の象徴のような人物だが、ずっとその銅像を大学構内に立てていたオックスフォード大学は、学生の相次ぐ抗議を受けて、近く撤去する意向を表明した。同様の動きが、フランス、ベルギー、イタリアなどでも生まれている。

かつての植民地支配は、現在はまだ違法だとは認められていない。しかしそれは、かつて人類に多大な損害を与え、現在においてなお人々を苦しめる大きな原因であって、旧植民地宗主国はいつまでもほおかむりしていられない問題なのである。

野党をベースにした政権が、この問題で日本国民の支持を得つつ、何からの解決に至ることがあるとすれば、手段は一つしかない。韓国政府に対して、以下のように求めることだ。

世界中の旧宗主国を相手にして、他の旧植民地諸国とともに、かつての植民地支配は違法だったと認める国際法をつくるよう要求せよ。日本もその一環として貴国との協議に応じるし、その種の国際法ができれば、日本もまたそれに従って対処する。しかし、そのための協議が続いている間は、最高裁判決の実施を留保して、日本企業の資産が没収されないような措置をとれ。

これはガラス細工のようなものだが、当事者すべてが何とか容認できると感じる。少なくとも損はしない。

▽動かしようがない「最後のゴールポスト」

日本側にしてみれば、まず企業の資産が没収されないで済む。右傾化した日本の世論も、世界中の旧宗主国が植民地支配の違法性を認めることはないだろうから、日本が責められる日はやってこないと高をくくり、韓国のお手並み拝見、という感じになるのではないか。たとえ植民地支配は違法だという国際法がつくられ、日本が何らかの賠償に応じることになっても、世界中が認めるのなら日本だけが拒否することもできなかろう。

第一章で、戦後五〇年の国会決議のことを論じた。そこでは、「世界の近代史上における数々の植民地支配や侵略的行為に思いをいたし、我が国が過去に行ったこうした行為や他国民とくにアジアの諸国民に与えた苦痛を認識し、深い反省の念を表明する」とされていた。植民地支配をしたのは欧米が先輩格だとして、日本だけが謝罪する道を拒否したのである。本来であれば、韓国が世界を相手に植民地支配の違法性を認めさせる努力を開始するならば、右派的な世論こそがそれを応援する側にまわるべきであろう。

なお、六五年に日韓基本条約と請求権協定を審議した国会で、外相として交渉に携わった椎名悦三郎氏は、植民地支配の違法性で両国の意見が異なったまま合意したことをあげて、「実際問題として、両国の利害が、今後条約発効後に衝突するような場合」が来ることを想定し、「十分にこれを解決する自信を持っている」として、解決のための交渉に乗り出すことを示唆している。それから五五年経っているが、椎名氏の説明をふまえて条約は国会に承認されたのだから、植民地支配の違法性問題で交渉すること自体は、自民党も反対できないだろう。

韓国側にしてみれば、六五年以来の国民的悲願であった植民地支配の違法性問題が、ようやく日韓協議の議題となるのである。世界を相手にしてそれを国際法の水準に高めることができるかどうかは不安だろうが、これまでもアフリカや中東諸国が宗主国に求めたことはあるわけで、国際的な連帯をつくって挑むべきだろう。

韓国政府はかつて、慰安婦問題で何もしていないとして最高裁から「不作為」の罪を指摘されたことがあり、最高裁判決を無視できないの状態にある。しかし、日本との間で交渉を開始すれば、判決にもとづく努力をしているのだから、もう「不作為」を批判されないで済む。

日韓関係の問題は、植民地支配の違法性の問題に決着を付けなければ、永久に不安定なままの状態が続く。これまで、慰安婦問題などで日韓が合意しても、結局は韓国政府が世論に押されて態度を変え、日本からは「ゴールポストを動かすもので不誠実だ」と批判がされてきた。だが、植民地支配の問題は、いわば最後のゴールポストだ。これを後ろにずらそうとしても、もうあとはない。この問題をあいまいにしたままだったから、慰安婦問題などにも否定的な影響を与えてきたのである。

この何十年もの間、お互いの国民にとって不快感を催させてきた問題が、植民地支配の違法性の議論を通じてようやく解決する。野党がそれを主導できるとすれば、歴史に名を残すことになるだろう。

あとがき――菅政権に固有の「弱み」としての沖縄問題

菅義偉氏が安倍氏の後継に決まった日、沖縄は怨嗟の声に満ちあふれていた。菅氏というのは、問答無用で辺野古への基地移設を進める安倍政権の象徴とも言える人物であったからだ。かつて、記者会見で沖縄の民意に反することを問われ、「移設を粛々と進める」と冷淡に対応したことについて、翁長雄志知事（当時）は「上から目線」と批判を強めた。菅政権のもとでは、政府と沖縄の対立はこれまでと変わらず、人々の苦しみは続くと、沖縄の世論が受け止めたのは当然のことであろう。今回の自民党総裁選挙の中でも、菅氏は辺野古移設の方針に変わりはないと言い放っている。

しかし私には、沖縄問題は菅政権の「弱み」の象徴のように思える。菅政権を追い詰め、野党共闘が政権の選択肢になるかという問題ともかかわるので、最後にいくつか論じておきたい。

▽民意まではねじ伏せられなかった

自民党総裁選挙で注目されたことの一つは、沖縄県の三票がすべて菅氏に投じられたことであった。沖縄県の自民党が、党本部に完全に牛耳られていることを知らしめたのだ。それを見て、二〇一三年の一一月二五日の出来事を思い出したのは、私だけではあるまい。それまで沖縄の自民党は、普天間基地の県外移設を公約とし、国会議員もそれを訴えて当選してきた。ところがあの日、沖縄を訪れた自民党の石破幹事長（当時）は、沖縄選出の国会議員五人を壇上に並ばせ、大衆の面前で辺野古移設の方針への転換を約束させたのである。保守・革新を超えて、沖縄の人々を驚かせ、恐怖させたできごとであった。地元では「平成の琉球処分」という言葉さえ使われた。今回の自民党総裁選は、いまなお沖縄の自民党が、その呪縛に縛られていることを思い起こさせたのである。

しかし、大事なのはそのことではない。あの一一月二五日をきっかけにして、沖縄の民意が確固としたものになったことである。

二〇一四年秋、それまで沖縄県連の幹事長として各種選挙も取り仕切っていた翁長雄志氏が、自民党を離党して県知事選挙に立候補し、見事に当選した。「保革を超えた沖縄」、「イデオロギーよりもアイデンティティ」を掲げ、まさに保守と革新がいっしょになって辺野古移設反対の民意を示したのである。オール沖縄の誕生である。公約を裏切った自民党国会議員は次の総選挙でそろって落選する。

安倍政権が進める「日米同盟の抑止力」戦略を支えるのが沖縄の米軍基地であり、こうした事態は政権にとって重大な挑戦であった。だから安倍氏と菅氏は、沖縄の民意を切り崩すために躍起となり、ありとあらゆる手段をとった。そのことで、「これ以上抵抗しても無理だ」というあきらめの世論を醸成しようとした。実際、いくつか切り崩された部分も出ている。

けれども、二年前の知事選挙でも翁長氏の後継である玉城デニー氏が圧勝したように、沖縄の民意は確固としている。国政選挙六連勝を誇る安倍政権が、沖縄だけは制することができていない。

沖縄では、日米安保を容認する保守の人物を、日米安保を否定する共産党や社大党が、安保に関する見解の相違を超えて支えている。安全保障面で現在もっとも適切と思われる路線で対抗軸を形成しているのであるが、他の分野でも同じようなことができれば、安倍的な政治を倒せるだけの民意をつくれるという実例が、ここには存在するのである。沖縄県の自民党が、党員投票を経ず、県連の判断で菅氏に三票を投じたことも、もし投票を実施すれば、自民党にとって都合の悪い結果が出ることを恐れたからであろう。

▽重大な事情変更に菅政権は対応できるのか

辺野古への移設計画は、本土からテレビだけを見ていると、土砂が次々と海に投入される場面が映し出されるため、それこそ「粛々と」進んでいるように見える。しかし、現実は複雑な展開を見せている。

何よりも大事なのは、移設先の辺野古の海底を調査した結果、きわめて軟弱な地盤が見つかったことである。「マヨネーズ状」と呼ぶ人もいる。政府は移設計画の見直しをすることを余儀なくされた。そして、その新しい計画によると、大量の土砂を投入して地盤を強化することが必要なため、工事が完成して米軍に提供するためには、あと一二年が必要とされる。一兆円程度の追加費用も生じるということだ。

菅氏は、「普天間基地の一刻も早い危険性の除去」を訴えている。だから辺野古への移設が必要なのだと述べてきた。しかし、政府の計画では一二年もかかるのであって、「一刻も早い危険性の除去」に適した計画だとはとうてい言えなくなっているのが現状なのである。

しかも、あと一兆円である。これも政府の見積もりであって、沖縄県の独自試算によれば二兆六〇〇〇億円と言われている。アメリカの安全保障関係者の中には、それだけのおカネを出してもらえるなら、戦略上はもっと効果的な使い方があると言う人も出ているそうだ。

さらに言えば、これまで前例のない工事なので、果たして一二年と一兆円で済むのかも分からない。米軍に提供して以降も地盤の沈下等が続き、追加の工事を継続的に行う必要性が出て来るかもしれない。そんな基地を米軍が本当に使うのかという問題もある。

要するに、辺野古移設計画は、事実上破綻しているのだ。政治というのは、普通だったら、いったん政策を決めたあとであっても、これだけの大規模な事情変更が生じれば、新たな政策を打ち出すものである。古い政策にしがみついていると、予算の無駄遣いになるし、何よりも政策の目的（この場合は普天間基地の危険性除去）の目的が達成できないからである。それなのに安倍政権には、いったん決めた政策を変更するだけの知恵もなかったし、アメリカと再交渉するだけの気概もなかった。行政を熟知しているはずの菅政権もその程度にとどまるのかが問われている。

▽アメリカの対中戦略の変化に日本は対応しないのか

現在の辺野古移設計画は、二〇年ほど前までのアメリカの戦略上の必要性をふまえてつくられた。それは、朝鮮半島などアジアの有事の際、米本土から何万、何十万もの米軍が来援してくることを想定したものだ。一時期、普天間基地の機能を嘉手納基地に移設する計画が浮上したが頓挫したのは、有事では米空軍が嘉手納をフルに使うので、海兵隊に使わせる余裕はないというのが理由であった。当初は海上へリポートとして小さな基地だと思われたのが、二本の滑走路を持つ基地とされたのも、有事で使用することが優先されたためである。

しかし、すでに本書で述べた通り、そのアメリカの戦略は大きく変わりつつある。中国や北朝鮮のミサイル能力が飛躍的に向上し、日本はもちろんのことグアムも含めて米軍基地がミサイルで破壊されることが確実になり、相手国の近くに巨大な固定化した基地を置くことの危険性が指摘されるようになったからだ。

現在、海兵隊は（空軍や海軍も同じだが）、新しい情勢に見合った戦略づくりを進めている。それは「遠征前方基地作戦」（ＥＡＢＯ）と呼ばれるもので、固定化した基地に依存するのではなく、離島など分散した小さな拠点に軍隊を展開することで、相手国のふところに飛び込んでいくことをねらったものである。

もちろん米軍にとっては、辺野古が存在した上で新戦略を進めるのが最上であろう。平時には辺野古にいて、有事になれば相手に破壊される前に辺野古を離れ、分散して離島に展開すればいいからだ。

けれども、かつてと異なり、固定化した基地に依存する必要性が低下していることは明らかである。米軍の新しい戦略をよく研究し、その戦略をふまえた日本の新しい協力のあり方を示すことによって、辺野古移設計画の見直しを提起できるのではないだろうか。アメリカの考えを変えるための絶好の機会が訪れているのである。

相手は何と言っても戦略重視のアメリカである。自国の戦略を菅氏がよく理解して提言してくるとなれば評価も上がるし、交渉相手と認めてくれるだろう。ブッシュ氏の前でエルビス・プレスリーを歌った小泉氏や、トランプ氏とはゴルフしか友好を深めることができなかった安倍氏とは比べものにならない。果たして菅氏が、戦略問題にそれほどの関心があるのであればという条件付きではあるのだが。

そして、菅氏にそれができないというのであれば、野党の出番である。野党共闘がここに挑戦することができれば、戦略への不理解をとがめられて退陣した鳩山政権の二の舞になることなく、アメリカとの対等平等の関係を築く政権として認知されることも不可能ではない。そういう時代が来ることを期待して筆を置きたい。

松竹伸幸（まつたけ・のぶゆき）

編集者・ジャーナリスト、日本平和学会会員（専門は日本外交論・安全保障論）、「自衛隊を活かす会」（代表＝柳澤協二）事務局長。1955年、長崎県生まれ。兵庫県立神戸高校卒、一橋大学社会学部卒。

主な著作に、『改憲的護憲論』（集英社新書）、『対米従属の謎』、『憲法九条の軍事戦略』（平凡社新書）、『慰安婦問題をこれで終わらせる』（小学館）、『日韓が和解する日』（かもがわ出版）、『北朝鮮問題のジレンマを「戦略的虚構」で乗り越える』（あおぞら書房）、『これならわかる日本の領土紛争』（大月書店）など。

安倍政権は「倒れた」が「倒した」のではない
——野党共闘の可能性を探る

2020年10月23日　第1刷発行

著　者　ⓒ松竹伸幸
発行者　竹村正治
発行所　株式会社　かもがわ出版
〒602-8119　京都市上京区堀川通出水西入
TEL 075-432-2868 FAX 075-432-2869
振替　01010-5-12436
ホームページ　http://www.kamogawa.co.jp
印刷所　シナノ書籍印刷株式会社

ISBN978-4-7803-1125-9　C0031